# 大学生心理健康教育与人文素养研究

何一澜 ◎ 著

吉林出版集团股份有限公司

图书在版编目（CIP）数据

大学生心理健康教育与人文素养研究 ／ 何一澜著
. — 长春：吉林出版集团股份有限公司，2023.7
ISBN 978-7-5731-4006-7

Ⅰ．①大… Ⅱ．①何… Ⅲ．①大学生－心理健康－健
康教育 ②大学生－人文素质教育－研究 Ⅳ．①G444 ②G640

中国国家版本馆 CIP 数据核字（2023）第 142222 号

## 大学生心理健康教育与人文素养研究

DAXUESHENG XINLI JIANKANG JIAOYU YU RENWEN SUYANG YANJIU

| | | |
|---|---|---|
| 著　者 | 何一澜 | |
| 责任编辑 | 曲珊珊 | |
| 封面设计 | 林　吉 | |
| 开　本 | 787mm×1092mm　1/16 | |
| 字　数 | 221 千 | |
| 印　张 | 12 | |
| 版　次 | 2023 年 7 月第 1 版 | |
| 印　次 | 2024 年 1 月第 1 次印刷 | |
| 出版发行 | 吉林出版集团股份有限公司 | |
| 电　话 | 总编办：010-63109269 | |
| | 发行部：010-63109269 | |
| 印　刷 | 廊坊市广阳区九洲印刷厂 | |

ISBN 978-7-5731-4006-7　　　　　　　　　定价：78.00 元

# 前　言

立身以立学为先，立学以读书为本。心理健康教育是大学生培养的重要课程，引导大学生树立正确的世界观、人生观、价值观，帮助大学生健康成长、成才。本书旨在通过学习和了解大学学习生活过程中应知应会的心理健康常识，进一步提升大学生的人文素养，并为大学生提供一些有参考价值的信息和建议，使大学生领悟心理健康与人文素养核心价值理念，提高大学生心理健康与人文素养，为将来立足社会扎下深厚的根基。

本书首先对心理健康内涵进行了总体概述，剖析了在大学生群体中常见的心理问题，进而讲述了大学生适应心理和大学生自我意识，接着对人文素质教育的现状、发展进行了阐述，最后对践行人文素质教育进行了讲解。本书内容丰富，形式新颖，通俗易懂，切合学生实际，在保证科学性、实用性的基础上，强调可读性和推广性，适用于高校学生以及相关专业的研究人员。

本书编写过程中参考借鉴了一些专家学者的研究成果和资料，在此特向他们表示感谢。由于编写时间仓促，编写水平有限，若有不足之处，恳请专家和广大读者提出宝贵意见，以便改进。

# 目　录

# 第一章 大学生心理健康导论

过去人们普遍认为，只要身体没病就是健康，后来人们也逐渐认识到心理健康也是健康的一部分，现在世界卫生组织（WHO）对健康做出了定义：健康不仅仅是身体没有疾病，还包括心理健康、良好的社会适应能力和道德健康。对于大学生来说，由于家庭环境、成长经历、社会环境的日益复杂，在遇到学习、生活、人际、恋爱等问题的时候就可能产生各种各样的心理问题，而如何面对和解决好这些问题，也就成为大学生自我成长及将来走向社会的重要一环。

## 第一节 心理学与心理健康

说到心理学，不少同学可能感觉很神秘，有的同学甚至把心理咨询师与算命师等同起来，令人啼笑皆非。平时大家所接触的心理学可能更多是来自电影、电视作品，比如大家所熟知的《催眠大师》《盗梦空间》和《沉默的羔羊》等，都描述了某些心理现象，但现实中是不是真的如此神奇？心理学究竟是研究什么的？心理学与心理健康又有何联系？让我们一同走近心理学，揭开它神秘的面纱。

### 一、什么是心理学

凡是你眼睛看到的、耳朵听到的、嘴里说出的、脑子里想到的，诸如感觉、知觉、记忆、思维、想象、言语、情绪、能力、人格等，都是我们的心理现象，简称心理。而心理学要成为一门科学，就必须掌握心理变化的规律，并通过实验和数据的方法加以研究和证明。所以，心理学是研究心理现象及其变化规律的一门科学。心理学除了研究个体心理以外，还研究社会心理和动物心理，因为心理本身看不见摸不着，所以更多的是研究行为。

## 二、心理学的研究方向

在学习工作中，人们每时每刻都在进行着心理活动，所以凡是有人的地方，心理学就可以发挥作用。目前，心理学的分支已经有上百个，这里主要呈现几个影响较大的研究方向。

### （一）发展心理学

发展心理学是研究个体在从受精卵开始，到出生、成熟、衰老的生命全程中，心理发生、发展的特点和规律。从发展心理学中，你可以了解儿童的心理发展特点，有助于家庭教育和亲子沟通。

【心理百科】

延迟满足实验

延迟满足实验是发展心理学研究中的经典实验，这个实验用于分析孩子延迟满足的能力。所谓延迟满足，就是我们平常所说的忍耐，即为了追求更大的目标，获得更大的享受，可以克制自己的欲望，放弃眼前的诱惑。

实验者发给一组4岁被试儿童每人一颗好吃的棉花糖，同时告诉孩子们：如果马上吃，只能吃一颗；如果等20分钟后再吃，可以吃两颗。有的孩子急不可待，马上吃掉了棉花糖；而另一些孩子则克制住了自己的欲望，获得了更多的糖。

研究人员在十几年以后再考察当年那些孩子的表现，发现那些能够为获得更多的棉花糖而等待得更久的孩子要比那些缺乏耐心的孩子更容易获得成功，他们的学习成绩也相对好一些。在后来几十年的跟踪观察中，发现有耐心的孩子在事业上的表现也较为出色，也就是说，延迟满足能力越强，就越容易取得成功。

从发展心理学的角度来看，"三岁看大，七岁看老"有一定道理，人们在幼儿时期就可表现出一定的能力。

### （二）社会心理学

社会心理学是研究个体和群体的社会心理现象的心理学分支。从社会心理学中，你可以学会帮助自己和别人消除一些在社会生活中产生的困惑；学会改善自己或者别人的人际关系；改变别人根深蒂固的态度；了解人们在社会中如何认识自己和他人；

通过了解归因、动机、态度改变的影响因素，从而改善生活工作环境；了解自己生活中爱情、婚姻与家庭的幸福与困惑。

### （三）教育心理学

教育心理学是教育和学习过程中的心理现象及其变化，揭示在教育、教学影响下，受教育者学习和掌握知识、技能，发展智力和个性的心理规律。教育心理学可以帮助教师准确地了解问题；为实际教学提供科学的理论指导；帮助教师预测并干预学生的行为；帮助教师结合实际教学进行研究。

【心理百科】

玩偶娃娃实验

著名心理学大师班杜拉曾经做过一个儿童模仿攻击玩偶娃娃的实验。在这项实验中，实验者先要求儿童观看成人击打玩偶娃娃的视频，之后，一组儿童看到的是这个成人得到了奖赏，即实验者称赞他是英雄；而另一组儿童则看到成人得到了惩罚，即实验者批评了他。然后将儿童带入有玩偶娃娃的房间，告诉儿童，可以自由玩耍，而实验者则出来躲在单向玻璃后面。

实验结果表明，儿童在实验过程中学会了模仿，即模仿成人的行为。在模仿的过程中，儿童也学会了对结果进行相应的评估。第二组儿童在进入房间后，击打玩偶娃娃的倾向明显少于第一组儿童。

在日常生活中，许多家长往往只重视儿童的学习成绩，而忽视儿童早期行为习惯的培养。家长没有起到好的行为表率作用。还有些家长，在儿童偶然表现出一点攻击性时，不但不予以纠正，反而还高兴地夸奖孩子学到东西了。如此这般，儿童的攻击性自然形成。

### （四）变态心理学

变态心理学是研究人的心理过程和个性心理特征发生异常的科学，包括研究认知、情感、意志、智能、人格等方面的异常表现，探讨异常心理发生、发展、变化的原因和规律。本章中异常心理的相关内容，主要来自变态心理学。

## （五）积极心理学

积极心理学主张以人的积极力量为研究对象，强调心理学不仅要帮助处于某种"逆境"条件下的人们知道如何求得生存和发展，更要帮助那些处于正常境况下的人们学会怎样建立起高质量的个人生活与社会生活。其采用科学的原则和方法来研究幸福，倡导心理学的积极取向，研究人类的积极心理品质，关注人类的健康幸福与和谐发展。

## （六）认知心理学

认知心理学是 20 世纪 50 年代中期在西方兴起的一种心理学思潮，是作为人类行为基础的心理机制，其核心是输入和输出之间发生的内部心理过程。认知心理学家往往把信息加工过程分解为一些阶段，即对从刺激输入到反应的全过程进行分解。

【心理百科】

### 神奇的数字7±2

心理学家米勒发表了《神奇的数字7±2：我们信息加工能力的限制》，明确提出短时记忆的容量为7±2个组块。短时记忆的容量7±2是以单元来计算的，一个单元可以是一个数字、字母、音节，也可以是一个单词或短语。单元的大小随个人的经验组织而有所不同。在编码的过程中，将几种水平的代码归并成一个高水平的单一代码的过程就叫组块。所以，背单词时7个一组来进行记忆是比较科学的。

## （七）生物心理学

生物心理学是用生物学方法，如神经系统的解剖结构、生物化学反应、脑组织的分区功能等来描述和解释人类行为的基础学科。

【心理百科】

### 割裂脑实验

美国心理生物学家斯佩里博士通过著名的割裂脑实验，证实了大脑不对称性的"左右脑分工理论"，荣获 1981 年诺贝尔生理学和医学奖。正常人的大脑有两个半球，由胼胝体连接沟通，构成一个完整的统一体。在正常情况下，大脑是作为一个整体来工作的，来自外界的信息经胼胝体传递，左、右两个半球的信息可在瞬间进行交流，人的每种活动都是大脑两个半球信息交换和综合的结果。大脑左、右两个半球在机能上各有分工，左半球感受并控制右边的身体，右半球感受并控制左边的身体。

通过对割裂脑病人的研究发现，左半球与言语、推理、理智的和分析的思维相联系，而右半球则与感知、空间主体知觉、直觉的思维相联系。每一侧大脑半球都有其独立的功能，但在正常情况下，由于胼胝体等的连接，两侧的功能得到了整合。

### （八）心理健康教育

心理健康教育是教育者运用心理学的方法，对教育对象心理的各层面施加积极的影响，以促进心理发展与适应，维护心理健康的教育实践活动，使学生明确心理健康的标准及意义，增强自我心理保健意识和心理危机预防意识，掌握并应用心理健康知识，培养自我认知能力、人际沟通能力、自我调节能力，切实提高心理素质，促进学生全面发展。

## 三、什么是心理健康

1946 年第三届国际心理卫生大会给出的心理健康定义是：所谓心理健康是指在身体上、智能上以及情感上与他人的心理健康不相矛盾的范围内，将个人心境发展为最佳的状态。

具体标志是：

（1）身体、智力、情绪十分协调；

（2）适应环境，人际关系良好；

（3）有幸福感；

（4）在生活、工作中，能充分发挥自己的能力，有效率感。

中国科学院心理研究所郭念锋教授认为，心理健康是指人的心理，即知、情、意活动的内在关系协调，心理的内容与客观世界保持统一，并能促使人体内外环境平衡，促使个体与社会环境相适应的状态，并由此不断发展健全的人格，提高生活质量，保持旺盛的精力和愉快的情绪。[①]

实际上，心理健康并没有统一的定义，因为心理健康的评价还涉及社会、文化、信仰、种族等诸多因素，比如同性恋在过去曾被认为是心理异常，而现在，在有些国家和地区同性恋可以结婚了。

---

① 郭念锋. 心理咨询师 基础知识 [M]. 北京：民族出版社，2005.

综合前人的观点，我们可以从广义和狭义两种角度来理解心理健康。从广义上讲，心理健康是指一种高效而满意的、持续的心理状态；从狭义上讲，心理健康是指人的基本心理活动的过程内容完整、协调一致，即认知、情感、意志、行为、人格完整和协调，能顺应社会，与社会保持同步。

美国心理学家马斯洛和迈特尔曼提出了衡量心理健康的标准：

（1）有充分的安全感，即不会感到有某种危险对自己造成威胁；

（2）充分了解自己，并能对自己的能力做恰当估计，即人们常说的有"自知之明"；

（3）生活目标和理想切合实际，而非有过高的或缺乏明确的生活目标；

（4）与现实环境保持接触，即知行结合，而不是空想与自我封闭；

（5）能保持个性的完整和谐，悦纳自己，有好的个人修养；

（6）具有从经验中学习的能力，而非固执、我行我素；

（7）能保持良好的人际关系，而非独来独往；

（8）适度的情绪发泄与控制能力，而非任意冲动或苦行僧式的压抑；

（9）在不违背集体意志的前提下有限度地发挥个性，而非盲从和随波逐流；

（10）在不违背社会道德规范的情况下能适当地满足个人基本需要，也就是人们常说的要处理好集体与个人的关系。

王登峰、张伯源提出的心理健康标准：[①]

（1）了解自我，悦纳自我。一个心理健康的人能体验到自己的存在价值，既能了解自己，又能接受自己，有自知之明，对自己的能力、性格和优缺点都能做出恰当的、客观的评价；对自己不会提出苛刻的、非分的期望与要求；对自己的生活目标和理想也能定得切合实际，因而对自己总是满意的；努力发展自身的潜能，即使对自己无法补救的缺陷，也能泰然处之。一个心理不健康的人则缺乏自知之明，并且总是对自己不满意；由于所定的目标和理想不切实际，主观和客观的距离相差太远而总是自责、自怨、自卑；由于总是要求自己十全十美，而自己却又无法做到完美无缺，于是总跟自己过不去，结果心理状态永远无法平衡，无法摆脱自己面临的心理危机。

（2）接受他人，善与人处。心理健康的人乐于与人交往，不仅能接受自我，也能接受他人、悦纳他人。能认可别人存在的重要性和作用，同时也能为他人和集体所理解、所接受，能与他人相互沟通和交往，人际关系协调和谐；在生活的集体中能融为

---

① 王登峰，张伯源. 大学生心理卫生与咨询 [M]. 北京：北京大学出版社，1995.

一体，既能与挚友在相聚时共享欢乐，也能在独处沉思时无孤独感；在与人相处时，积极的态度（如同情、友善、信任、尊敬等）总是多于消极的态度（如猜疑、忌妒、畏惧、敌视等），因而在社会生活中有较强的适应能力和较充足的安全感。而心理不健康的人可能常常置身于集体之外，与周围的人格格不入。

（3）正视现实，接受现实。心理健康的人能够面对现实、接受现实，能动地适应现实，进一步改造现实，而不是逃避现实；对周围事物和环境能做出客观的评价，并能与现实环境保持良好的接触；既有高于现实的理想，又不会沉湎于不切实际的幻想与奢望；对自己的力量有充分的信心，对生活、学习和工作中的各种困难和挑战都能妥善处理。心理不健康的人往往以幻想代替现实，而不敢面对现实，没有足够的勇气去接受现实的挑战；总是抱怨自己"生不逢时"或责备社会环境对自己不公而怨天尤人，因而无法适应现实环境。

（4）热爱生活，乐于工作。心理健康的人能珍惜和热爱生活，积极投身生活，并在生活中尽情享受人生的乐趣，而不会认为生活是重负；他们在工作中尽可能地发挥自己的个性和聪明才智，并从工作成果中获得满足和激励，把工作看作乐趣而不是负担；他们能把工作中积累的各种有用的信息、知识和技能存储起来，随时提取使用，以解决可能遇到的新问题，使自己的工作行为更有效。

（5）能协调与控制情绪，保持心境。心理健康的人愉快、乐观、开朗、满意等积极情绪总是占优势，当然也会有悲、忧、愁、怒等消极情绪体验，但一般不会持续太长时间；他们能适度地表达和控制自己的情绪，喜不狂、忧不伤，胜不骄、败不馁，谦而不卑，自尊自重，既不妄自尊大，也不退缩畏惧；对于无法得到的东西不过分追求，争取在社会允许范围内满足自己的各种需要；对于自己所能得到的一切都感到满意。

（6）人格完整和谐。心理健康的人在气质、能力、性格、理想、信念、动机、兴趣、人生观等各方面平衡发展，人格作为人的整体的精神面貌能够完整、协调、和谐地表现出来；他们思考问题的方式是适中和合理的，待人接物能采取恰当灵活的态度，对外界刺激不会有偏颇的情绪和行为反应；他们能够与社会的步调合拍，也能和集体融为一体。

（7）智力正常。智力正常是人们正常生活、工作和学习的基本心理条件，是心理健康的重要标准。智力是解决一般问题的能力，智力落后可能会影响社会功能。

（8）心理行为符合年龄特征。在人的生命发展的不同年龄阶段，都有相对应的心理行为表现，从而形成不同年龄阶段独特的心理行为模式。如果一个人的心理行为经常严重偏离自己的年龄特征，一般是心理不健康的表现。

# 第二节　大学生常见心理问题与心理异常

【案例导入】

2016 年 3 月 27 日 23 时，四川某大学一名大一学生滕某因生活琐事，在该校某校区学生公寓学习室里，用当日白天从超市购买来的菜刀将室友芦某杀死。"死亡医学证明书"显示，被害人因头颈离断伤死亡。4 月 15 日，成都警方通报称，涉嫌故意杀人罪的犯罪嫌疑人滕某已于案发次日被警方刑事拘留。5 月 4 日，一份关于犯罪嫌疑人精神鉴定的"鉴定意见通知书"显示，被鉴定人滕某患有抑郁症，对其 2016 年 3 月 27 日的违法行为评定为部分刑事责任能力。

大学生处于人生发展的重要阶段，也是确立人生观、价值观和世界观的关键时期。在大学期间，存在着诸如学业、情感、人际、生活、就业等种种压力，大学生的心理可能会出现问题，导致心理处于亚健康状态，如果不及时解决，最终可能发展成心理疾病。

## 一、心理问题与心理异常的鉴别标准

郭念锋认为，心理健康的具体标准一时难以确定，但基本原则是可以说清楚的。为此，从心理学对人类心理活动的定义出发，明确提出区分心理正常与异常的三原则。根据心理学对心理活动的定义——"心理是客观现实的反映，是脑的机能"，理解心理正常与异常应从心理活动本身的特点去考虑。

### （一）主观世界与客观世界的统一性原则

主观世界与客观世界统一性原则，即一个人的所思所想、所作所为能正确地反映外部世界。人的心理是大脑对客观现实的反映，任何正常心理活动和行为，必须在形式和内容上与客观环境保持一致。不管是谁，不管是在怎样的社会历史条件和文化背景中，如果一个人说他看到或听到了当时客观世界并不存在的能引起他那种感觉的刺激物，那么，我们可以肯定，这个人的精神活动不正常了，他产生了幻觉。如果一个人的思维内容脱离现实，或思维逻辑背离客观事物的规定性，便形成妄想。这些都是我们观察和评价人的精神与行为的关键。

### （二）心理活动的内在一致性原则

心理活动的内在一致性原则，即人的心理活动中，认知、情感、意志三个过程内容是否完整，是否协调一致。人类的精神活动虽然可以被分为知、情、意等部分，但它自身确实是一个完整的统一体，各种心理过程之间具有协调一致的关系，这种协调一致性保证人在反映客观世界过程中的高度准确和有效。比如一个人遇到一件令人愉快的事，会产生愉快的情绪，会手舞足蹈，会欢快地向别人诉说自己内心的体验。这样我们可以说这个人的知、情、意具有协调一致性，即具有正常的心理与行为。如果一个人一边用低沉的语调向别人诉说令人愉快的事，或又对痛苦的事做出快乐的反应，那么这个人会被认为心理过程的协调一致性出现了问题。

### （三）人格的相对稳定性原则

每个人在自己的人生道路上都会形成自己独特的人格心理特征。这种人格特征形成之后具有相对稳定性，在没有重大外界变革的情况下，一般是不易改变的。它总是以自己的相对稳定性来区别一个人与其他人的不同。在没有明显外部原因的情况下，如果一个人的个性发生很大的改变，那么我们应该考虑这个人的精神活动是否出现了异常。如果一个很节省的人突然挥金如土，或者一个待人接物很热情的人突然变得很冷淡，而我们在他的生活环境中也找不到足以使他发生如此改变的原因时，那么他的精神活动可能已经偏离了正常的轨道。

但是要清晰地辨别正常心理和异常心理，也不是一件容易的事情。首先，异常心理与正常心理之间的差别常常是相对的。其次，异常心理的表现受多种因素的影响，诸如生物因素、心理状态、社会环境等，角度不一样，标准也就不一致。最后，单纯的心理问题目前没有仪器可以检查化验，全靠专业人员的临床经验主观判断。

## 二、一般心理问题与严重心理问题的区别

一般心理问题是指在近期发生的，是由现实因素激发、持续时间较短、情绪反应

能在理智控制之下、不严重破坏社会功能、情绪反应尚未泛化的心理不健康状态，思维合乎逻辑，人格也无明显异常。

严重心理问题是由相对强烈的现实因素激发、初始情绪反应剧烈、持续时间长久、内容充分泛化的心理不健康状态。有时伴有某一方面的人格缺陷，对生活、工作、社会交往都有一定程度的影响。

## 三、大学生常见的心理问题

### （一）环境适应问题

大学新生不适应环境的现象较为普遍，尤其是初次离家过集体生活的同学往往都需要经历一个从不适应到逐步适应的过程。在这一过程中，从小过度保护、娇生惯养或者性格孤僻的学生，往往难以适应生活的变化，在孤独感、无助感的折磨下，个别人容易产生抑郁等心理问题。

### （二）自我认识问题

自我认识在人的心理健康中起着很重要的作用，它制约着人格的形成、发展，在人格的实现中有着强大的动力功能。对当代大学生来说，由于自我意识尚在发展过程中，心理尚未完全成熟，往往对自我认识产生种种偏差，比如自卑，对自己认识不足，对自己的能力或品质评价过低，总认为自己一方面或多方面不如别人；又如自负，过度的自信，缺乏自知之明，往往以为自己对而别人错，把自己的意志强加在别人身上，难以与他人和睦相处。大学生在学习和生活中常常遭遇各种困境和挫折，如果缺乏合理的自我认知，便容易出现各种心理问题。

### （三）人际关系问题

在现实生活中，良好的人际关系是人们生活和学习的需要。对于大学生来说，面对全新的环境，建立良好的人际关系对他们的心理健康和各方面发展有着十分重要的影响。然而由于多种原因，大学生在人际交往的过程中会产生许多问题，这些问题阻碍良好人际关系的建立，并成为生活中的困扰。因此，需要有相关的对策来解决或避免大学生的人际交往问题。

### （四）学习心理问题

从中学进入大学，大学生的角色发生了重大转变，生活环境、学习环境也随之发生巨大变化。部分大学生在学习策略、学习方式和学习方法等方面会面临新的挑战，产生新的问题。每个人都会遇到不同的学习心理问题，如何面对和解决这些问题才是真正的问题。大学生只有解决好学习心理问题，才能不断提高学习效率，成为具有创新精神和实践能力的高素质人才。

### （五）恋爱心理问题

目前，大学生恋爱现象相当普遍且公开化。在大学校园里，随处可见亲密的情侣。如果处理不好恋爱问题，不仅会妨碍大学生的学习、生活，而且对大学生人格的健康发展也有重要的影响。因此，关注大学生恋爱心理，培养大学生正确的恋爱行为意识，是大学生心理健康教育的一项重要内容。

### （六）情绪问题

大学生富有激情，容易与外界产生冲突和摩擦，容易出现情绪困扰。因此，大学生在学习专业知识的同时，需要了解自身的情绪特点，提高自身觉察、适应、控制情绪的能力，学会驾驭个人情绪，做情绪的主人，即学会情绪管理。这对于增进大学生心理健康，充分发展学生的智力、情感、意志，形成完整人格，增强学生适应社会的能力有着极为重要的现实意义。

### （七）网络心理问题

随着互联网技术的发展，网络展现出了其他信息载体无法替代的特征，特别是近几年移动互联网的普及，更是使网络成为大学生学习和生活不可或缺的一个重要部分。在这种网络大环境下，大学生的心理和行为展现出了新的特点。不少大学生在享受网络带来的便利时，也逐渐显现出了许多问题。合理地使用网络可以帮助人们提高学习、生活和工作的效率，但是过度或不当地使用网络会使人们产生依赖性，导致网络成瘾等不良影响，影响大学生的心理健康。

### （八）大学生心理危机问题

大学生心理危机是指在大学阶段出现的某种心理上的严重困境，当事人遭遇超过其承受能力的刺激而陷入极度焦虑、抑郁，甚至失去控制、不能自拔的状态。其实心理危机人人都会有，当我们在生活中面临大大小小的压力，承受的能力超过了自己的应对能力时，就会出现危机。一般来讲，大部分人的危机在几周内可以解决，但有一些人的危机就很难解决，如果没有有效的应对方法，就可能引发心理疾病，甚至还会出现自杀的念头，因此我们要互相关心，采取明确有效的措施，最终战胜危机，重新适应生活。

## 四、大学生常见的心理异常

心理异常是大脑的结构或机能失调或者人对客观现实反映的紊乱和歪曲，既反映了个人自我概念和某些能力的异常，也反映了社会人际关系和个人生活上的适应障碍。下面列举几种大学生比较常见的心理异常类型：

### （一）抑郁症

谈到抑郁症，人们往往会想到一个人心情不好，有悲伤、忧虑等不良情绪，然而存在不良情绪并不代表就是得了抑郁症。抑郁症又称抑郁障碍，是一种疾病，以显著而持久的心境低落为主要临床特征，是心境障碍的主要类型。临床可见心境低落与其处境不相称，情绪的消沉可以从闷闷不乐到悲恸欲绝，自卑抑郁，甚至悲观厌世，有自杀企图或行为；甚至发生木僵；部分病例有明显的焦虑和运动性激越；严重者可出现幻觉、妄想等精神病性症状。每次发作持续至少 2 周以上，长者甚至数年，多数病例有反复发作的倾向，每次发作大多数可以缓解，部分有残留症状或转为慢性。

抑郁症的病因并不非常清楚，但可以肯定的是，生物、心理与社会环境诸多方面因素参与了抑郁症的发病过程。生物学因素主要涉及遗传、神经生化、神经内分泌、神经再生等方面。

### （二）惊恐症

惊恐症是以反复出现显著的心悸、出汗、震颤等自主神经症状，伴以强烈的濒死感或失控感，害怕产生不幸后果的惊恐发作为特征的急性焦虑障碍。目前认为惊恐症的发病机理主要与遗传环境因素、生物学因素有关，年龄、性别、生活压力、抽烟、喝酒、父母精神病史及本人患其他焦虑障碍或精神疾病均是危险因素。

### （三）强迫症

强迫症是以强迫思维和强迫行为为主要临床表现的精神障碍，其特点为有意识的强迫和反强迫并存，一些毫无意义，甚至违背自己意愿的想法或冲动反反复复侵入患者的日常生活。患者虽体验到这些想法或冲动是来源于自身，极力抵抗，但始终无法控制，二者强烈的冲突使其感到巨大的焦虑和痛苦，影响学习、工作、人际交往甚至生活起居。

强迫症因其起病早、病程迁延等特点，常对患者的社会功能和生活质量造成极大影响，世界卫生组织所做的全球疾病调查发现，强迫症已成为 15~44 岁中青年人群中造成疾病负担最重的 20 种疾病之一。

### （四）精神分裂症

精神分裂症作为精神病中最严重、最复杂的一种，其本质特征是一种严重的足以导致丧失与现实联系的障碍。精神病不仅表现为幻觉、妄想、思维障碍等重精神病的症状，而且在各种心理活动之间、心理活动与现实之间，都表现出分裂和不协调的状况。在精神病的发病期，患者丧失工作和学习能力，如果治疗不及时、不彻底，其预后是很差的，会因为反复发作而最终导致精神的衰竭。

### （五）人格障碍

人格障碍又称病态人格，是指人格特征明显偏离正常模式，在人格发展的内在结构中有着严重的不协调，从而表现出特有的认知方式、情绪反应、动机和行为活动异常的特殊模式，且对环境适应不良，使其社会交往功能和职业功能蒙受严重影响，以致给他人和社会带来损害，也使自己感到痛苦。人格障碍的异常表现通常始于童年或青少年期，可持续到成年，甚至持续终生。据国内外研究结果，人格障碍的特征主要有以下几种：①人格明显偏离正常或有严重的人格缺陷。②具有与一般人相异的情感表现。③行动缺乏目的性和完整性。④对自身的人格缺陷缺乏认识，无自知之明。

## 五、大学生心理问题与心理异常的解决途径

### （一）心理问题的解决途径

有心理问题的学生，一般可以通过自我调节、朋辈心理辅导、心理咨询等方式解决。

【心理百科】

#### 朋辈心理辅导

"朋辈"包含"朋友"和"同辈"的双重意思。朋辈心理辅导是指年龄相当者对周围需要心理帮助的同学和朋友给予心理开导、安慰和支持，提供一种具有心理辅导功能的帮助。它可以理解为非专业心理工作者作为帮助者在从事一种类似心理辅导的帮助活动。因此，有时它被称为"准心理辅导"或者"非专业心理辅导"，有时也叫作"互助式心理辅导"。朋辈心理辅导的理论基础是人本主义，充分尊重人与人之间的相互依存关系。这是一切活动必须遵循的基本原则。

### （二）心理异常的解决途径

心理异常问题严重影响了经过医院诊断属于心理异常的学生（主要指精神障碍）日常的生活和学习，甚至威胁到了自身和他人的生命安全，如果不及时去医院治疗情况可能还会更加严重，所以在这种情况下，为了学生的健康应该建议及时去专业医院进行治疗。

依据2019年9月教育部办公厅印发的《普通高等学校学生心理健康教育工作基本建设标准（试行）》，对有较严重障碍性心理问题的学生，应及时指导学生到精神疾病医疗机构就诊；对有严重心理危机的学生，应及时通知其法定监护人，协助监护人做好监控工作，并及时将学生按有关规定转介精神疾病医疗机构进行处理。转介过程应详细记录，做到有据可查。

《中华人民共和国精神卫生法》（2018年修正版）：

第二十三条：心理咨询人员应当提高业务素质，遵守执业规范，为社会公众提供专业化的心理咨询服务。

心理咨询人员不得从事心理治疗或者精神障碍的诊断、治疗。

心理咨询人员发现接受咨询的人员可能患有精神障碍的，应当建议其到符合本法规定的医疗机构就诊。

心理咨询人员应当尊重接受咨询人员的隐私，并为其保守秘密。

第三十条：精神障碍的住院治疗实行自愿原则。

诊断结论、病情评估表明，就诊者为严重精神障碍患者并有下列情形之一的，应当对其实施住院治疗：

1. 已经发生伤害自身的行为，或者有伤害自身的危险的；

2. 已经发生危害他人安全的行为，或者有危害他人安全的危险的。

第三十一条：精神障碍患者有本法第三十条第二款第一项情形的，经其监护人同意，医疗机构应当对患者实施住院治疗；监护人不同意的，医疗机构不得对患者实施住院治疗。监护人应当对在家居住的患者做好看护管理。

第三十二条：精神障碍患者有本法第三十条第二款第二项情形，患者或者其监护人对需要住院治疗的诊断结论有异议，不同意对患者实施住院治疗的，可以要求再次诊断和鉴定。

# 第三节　心理咨询

心理咨询是指运用心理学的方法，对心理适应等方面出现问题并企求解决问题的求询者提供心理援助的过程。需要解决问题并前来寻求帮助者称为来访者，提供帮助的咨询专家称为咨询师。来访者将自身存在的心理问题，向咨询者进行述说、询问与商讨，在咨询师支持和帮助下，通过共同讨论找出引起心理问题的原因，分析问题的症结，进而寻求摆脱困境、解决问题的条件和对策，以便恢复心理平衡，提高对环境的适应能力，增进身心健康。

## 一、心理咨询的途径

### （一）网络心理咨询

网络心理咨询是指以网络为媒介，运用各种心理学理论和方法，帮助当事人以恰当的方式解决其心理问题的过程。就目前而言，网络咨询方式主要包括即时聊天软件

（QQ）、电子邮件（E-mail）、电子布告栏（BBS）等。

### （二）电话心理咨询

电话心理咨询是指由专业人员或受过训练的准专业人员向来电者提供心理服务，与其探讨个人遇到的心理烦恼和困惑。

### （三）面对面心理咨询

面对面心理咨询在专门的心理咨询室进行。心理咨询师与来访者采取面对面方式交谈，详细了解、分析来访者的心理问题，帮助来访者摆脱有碍心理健康发展的不利因素，提高来访者思考问题、解决问题和适应环境的能力。为了更好地为来访者服务，应安排适合其问题和时间的咨询师。心理咨询一般需要提前预约。

## 二、心理咨询的原则

### （一）保密性原则

关于来访者个人资料等，心理咨询师都会保密，除了以下两种情况：

（1）曾经有过伤害自己或他人的记录，或此时正有此意者，咨询师必须采取必要的措施防止意外发生，必要时通知有关部门或家属，或与其他心理咨询师磋商。

（2）当咨询师在受卫生、司法或公安机关等有关询问时，不得做虚伪的陈述或报告，咨询师会根据实际情况据实回复。

### （二）理解支持原则

咨询人员对来访者的语言、行动和情绪等要充分理解，不以道德的眼光批判对错，要帮助来访者分析原因并寻找出路。

### （三）积极心态培养原则

咨询人员的主要目的是帮助来访者分析问题的所在，培养来访者积极的心态，树立自信心，让来访者的心理得到成长，自己找出解决问题的方法。

### （四）时间限定的原则

心理咨询必须遵守一定的时间限制。咨询时间一般规定为每次 50 分钟左右（初次受理可以适当延长），原则上不能随意延长咨询时间或间隔。

### （五）"来者不拒、去者不追"的原则

从原则上讲，到心理咨询室求助的来访者必须出于自愿，这是确立咨询关系的先决条件。没有咨询意愿的人，咨询师一般不会去主动找他（她）并为其进行心理咨询。只有自己感到心理不适，并愿意找咨询师寻求帮助的来访者，才能够解决问题。心理咨询室的大门对任何人都是永远敞开的。

### （六）感情限定的原则

咨询关系的确立是咨询工作顺利开展的关键，是咨询师和来访者心理的沟通和接近，但这也是有限度的。咨询师和来访者个人接触过密的话，不仅会阻碍来访者的自我表现，也容易使咨询师不能客观公正地判断、分析来访者。

### （七）重大决定延期的原则

在心理咨询期间，由于来访者情绪过于不稳和动摇，原则上应规劝其不要轻易做出诸如退学、转学、离婚等重大决定。在咨询结束后，来访者的情绪得以安定、心境得以整理之后做出的决定，往往不容易后悔或反悔的概率较小。因此，应在咨询开始时予以告知。

# 第二章　大学生适应心理

## 第一节　适应心理概述

### 一、适应是人类生存和发展的前提

适应，最初是一个生物学概念。一切有生命的有机体都以适应作为生存的基本任务。动物的适应是被动的，他们通过改变自身去适应大自然。人类是环境的产物，我们是在不断主动适应自然环境、社会环境的过程中逐步成长的。达尔文说过："物竞天择，适者生存。"这一法则虽然是针对生物界而言的，但对我们同样具有一定借鉴意义，因为人本身就是一种高度进化了的生物。不同的是，人所处的环境主要是人类自己创造的社会文化环境。因此，人的适应本质上是人与环境相互作用的过程，是"人的活动使环境适应人的机能，然后，人类又适应自己创造的环境"。对于个人而言，要生存，首先要适应生存的环境，包括自然环境和社会文化环境。在许多情况下，社会环境的力量太强大，个人把握环境的能力有限，不能拒绝外部强加于自己的生活条件，这时，个人只能依靠调整自己来适应环境，以获得生存。人的生存是以发展为目的的，为了更好地发展，首先要学会适应环境，因此适应是人类生存和发展的前提。此外，人所处的客观环境又总在不断变化，适应只是暂时的。于是人总是不断地调整自己，以使自己和环境处于一种和谐、相适宜的状态。因此，适应是人的一种需要，这种内在的、独特的动力，使人的适应成为一种自觉的、能动的适应。

心理学家沃尔曼（Walman）对适应做如下定义："一种与环境融洽和谐的关系，包括满足一个人的绝大多数需要，并且拥有符合要求所必需的行为变化，以便一个人能与环境建立起一种融洽和谐的关系。"① 简言之，适应不仅是与人的需要与满足相联系的心理过程，而且还是个人通过不断身心调整，在现实生活环境中维持一种良好有效生存状态的过程。适应的目的是为个体充分发展提供良好的条件，以促进新的适应。社会的每一次变化，人的每一个阶段的发展与成长，都需要个体去适应这种变化，而个体的每一次适应，实际上也是个体的一次成长。

## 二、适应心理过程

从心理学的角度研究适应，可以看到适应的心理过程主要包括以下几个步骤：一种需要（或动机）的存在；阻止这种需要得到满足的阻挠存在；个人提供的克服这些阻挠的各种各样的行为反应方式；有一种反应减轻了紧张，即解决问题的结果。

1. 需要的存在

人在世界上生存，会有各种各样的需要。马斯洛提出，按从低到高的顺序人有五个层次的需要：生理的需要、安全的需要、归属与爱的需要、尊重的需要、自我实现的需要，每一个低层次需要的满足又会产生高层次的需要。人的各种需要如果得到满足，就会产生心理平衡，反之，则会感到紧张、失望、恐惧、不安，产生情绪波动。由于人们生活环境的多变性，每个人都会产生适应新的环境变化的需要，因此在适应的过程中必须有一种需要存在，人们便是为了满足需要而去适应的。

2. 阻挠

阻挠是指个体在利用其现有的习惯机制满足需要（动机）时所遇到的阻力。如果人们对某种环境已经建立了某种可以适应的机制，这就是习惯性机制；但是，当环境发生变化，原来的习惯性机制无法解决问题时，就发生了阻挠。面对阻挠，人们会产生不同程度的紧张与焦虑。阻挠大致有三种情况：一是环境的阻挠。比如，一个人从农村来到城市，面对新的生活环境、生活方式，日常生活接触的社会群体和以前有了很大的不同，如果还用以前的习惯就难适应了。二是个人的缺陷。这是指个人在生理、智力、能力等方面的某些缺陷。比如，一个人很想当演员，但他的身材、相貌欠佳，这使他的动机实现受到了阻挠。三是一些相反需要的冲动。比如，一个大学新生，一方面需要马上静下来集中精力学习，另一方面又想好好地轻松玩一下，不愿认真听课

① Wollmann, H., 1980: Implementationforschung eine Chance für kritische Verwaltungsforschung, in Wollmann, H. (Hrsg·): Politik im Dickicht der Burokratie- Beitrage zur Implemntationsforschung, Opladen 1980.

看书，这种需要相互冲突，使他产生紧张不安的情绪，他需要寻找一种新的适应机制来适应大学生活。

3. 反应

面临新环境，当人们用往习惯方式尝试解决问题而失败时，就会主动寻找一种新的能够解决问题的方式，这就是反应。人适应环境的效果很大程度上取决于他不断地变更自己的反应，直到取得成功为止。当人们尚未找到一种成功解决问题的反应方式时，常常在情绪上表现出紧张、焦虑、沮丧。因此，在面对不适应时，一方面要积极尝试，寻找成功解决问题的反应方式；另一方面要保持一种积极解决问题的心理状态，消极的心态不利于思考和寻找新的解决问题的方式。

4. 适应

从心理学的观点来看，评判一个问题解决的唯一标准就是是否能够减轻紧张。只要任何一个反应能够减轻个体的内驱力所引起的紧张，原来的活动就要结束，这就是一种适应问题的解决。也就是说，经过一番尝试，人们找到了新的解决问题的方式，他们新的需要就可以得到满足，原有行为模式与新的需要之间的矛盾基本上得到了解决，曾经有过的不平衡状态重新恢复了平衡。这意味着，一次不适应的问题已经解决，主体可以重新回到适应状态之中。只是这种状态仍然是短暂的，很快就会被新的不适应现象重新打破。这种"不适应——适应——不适应"状态的循环往复，就是适应过程的规律性表现。

## 三、适应与大学生心理健康

心理健康的实质就是个体的适应。心理健康意义上的适应，就是个体在与环境的互动中，个体能够通过自身调节系统做出积极而能动的反应，从而使个体与环境之间不断达到新的平衡的过程。

心理健康的实质是个体心理调节机制的建立与完善。个体能否迅速进入新的角色，适应新的环境，很大程度上取决于他的心理健康水平如何。心理健康水平高的大学生，随着环境的变化，能进行自我调整，在新的环境中建立新的友谊，开拓新的生活空间，从而产生新的归属感和稳定感。他们可以排除各方面的干扰，很快地投入新的环境中，步入学习生活的正轨。相反，大学生如果不能很快适应新的环境，产生适应障碍，则会影响心理健康，出现失眠、食欲不振、注意力不集中、焦躁、头痛、神经衰弱等症状，使环境适应更加困难。

# 第二节 大学生适应心理问题分析

## 一、大学生活新变化

### （一）生活环境的变化

**1. 环境的改变**

大学新生面临的第一个巨大变化就是环境的改变。不少学生都是到外地上大学，有的从农村、乡镇来到城市，有的从南方来到北方，有的从西部来到东部。离开了家乡熟悉的一切，一方面需要面对的是陌生的校园环境、陌生的城市；另一方面要接纳气候条件、习俗、文化等方面的差异。

**2. 生活方式的改变**

中学生的生活模式基本上是从家门到校门，以高考为目标，以学习为中心，饮食起居依赖父母，凡事不用自己操心，只管埋头读书。上大学后，父母不在身边，没有了长辈的呵护和照料，过的是集体生活，住集体宿舍，吃大食堂；此外，还要独立处理自己的事情，衣食住行、经济开支、待人接物都要自己解决。

**3. 生活习惯的改变**

中学生一般住在家里，很多学生有自己独立的生活空间，从小到大养成了自己的生活习惯。而大学宿舍是集体居住，每个人生活习惯不一样，作息时间、卫生习惯各异。还有的同学吃不惯食堂的饭菜，需要改变饮食习惯。

**4. 生活内容的改变**

中学生活内容单一，主要是学习，课余时间较少，校园生活相对单调。大学生活内容十分丰富，除学习之外，还有广泛的社会交往、丰富多彩的校园文化活动和社会实践活动。

### （二）学习环境的变化

1. 学习方向专业化

中学阶段主要是基础教育，突出普及性和基础性，为升学做准备。大学为社会培养高级专门人才，注重专业性和应用性。

2. 学习内容多元化

中学开设课程较少，学生对学习内容没有选择的余地。大学里的课程纷繁复杂，既有基础课，又有专业课，还有各类选修课，既有自然科学，又涉及人文科学，不仅要学习理论，还要培养实践能力。

3. 学习的自主性

中学学习的主要形式是课堂讲授，巩固知识的主要方式是做练习题，一切听从老师的安排。而大学学习课堂讲授时间较少，讲课内容多、速度快、跨度大，更强调启发性、研讨式、自学式教学。尤其是低年级的基础课，大都采用大班授课形式，老师不一定按书本讲，只是提纲挈领地讲思路、讲重点和难点，大部分内容粗线条地讲，重点布置学生自学，看参考书，然后讨论。很多大学新生有这样的感受：教室大、人很多、下课老师难见到，自己复习自己管，茫然无措难把握。大学的学习弹性大，自由空间大，自主性大，更多地靠学生自己去学习钻研，这就要求大学生自主学习。

### （三）人际环境的变化

1. 师生关系相对松散

中学师生关系比较紧密，老师在学习、思想、生活等方面和学生关系密切。大学老师一般下课后与学生交流较少，班主任或辅导员和学生也不天天见面。班上的工作大多由班干部组织学生自己完成，师生关系相对松散。

2. 人际关系比较复杂

在中学时代，学生很少接触社会，主要和父母、老师、同学打交道，人际关系相对单纯。到了大学，人际交往范围发生了很大变化，不仅要和不同地域、不同习俗的同学打交道，还要和有关部门的教职工打交道。在参加各种社团活动及勤工俭学、教学实践等社会活动时，还要与各种各样的人打交道，人际关系更为复杂。加上同学之间在语言、价值观念、生活习惯、性情等方面的差异，增加了交往的难度。

### 3．异性交往的困扰

摆脱了高考压力的束缚，大学新生对异性交往给予了前所未有的关注。很多大学新生很想与异性交往，但因为紧张自卑，在异性面前感到羞怯畏惧，影响了同学关系；有许多新生刚离开父母亲人，在异地感到孤独，常试图为自己无以寄托的情感找一个归宿，以代替父母的关怀，但由于考虑问题简单，感情易冲动，在异性交往方面常常感到困惑，有的甚至陷入困境：有的分不清是爱情还是友谊，因单相思而自困，对恋爱的冲突和矛盾感到惊慌失措；有的因为激情冲昏了头脑，影响了学习；有的因为处理失误而导致严重后果……这些给大学新生的适应带来了困扰。

### （四）角色心理变化

#### 1．从"佼佼者"到"普通人"

很多大学新生上大学前都是同学眼中的"佼佼者"，是父母的宠儿，老师、同学眼中的高才生，备受大家的重视和羡慕，如众星捧月一般。到了大学，校园里人才济济，群英荟萃，强手如林，忽然发现"山外有山，天外有天"，过去的佼佼者大多变成了一名普通学生，不再耀眼辉煌，顿感失落，优越感荡然无存。

#### 2．从学习型到能力型

中学生一般以学习为主要评价标准，学习成绩好，便可使人处于优势地位。大学生更注重全面发展，除了学习成绩，更看重能力。有许多同学在大学学习成绩优秀，但因缺乏特长，能力较差，反而感觉不如那些学习成绩比自己差而有其他能力和特长的学生受青睐。有的大学生在大学生运动会和文化艺术节后感叹地说："我除了会学习，什么也不会。"因而也会对自己的认知产生动摇，情绪低落，失去了往日的自信与雄心。

#### 3．从依赖到独立

大学新生要从过去的依赖转向完全的自我独立。中学时的生活依赖于家庭，学习依赖于老师，事事由大人做主，样样不用自己操心。大学不同了，生活要完全自理，学习要自主，行为要自制，思想要自立，一切要靠自己独立完成，不可能再由父母、老师包办代替，遇到问题要自己解决。独立生活能力强的人便如鱼得水、应付自如；独立性差的人便一筹莫展、束手无策，莫名的烦恼骤然增多，心里一团糟的感觉挥之不去。

## 二、大学生适应中的应激源

心理学中由外界刺激引起的生理、心理和行为反应即为应激反应，应激反应是一种适应性反应。通过应激反应，社会成员在新的条件下达到心理上的平衡和行为上的适应。引起应激反应的刺激因素为应激源。研究表明，各种理化的、生物的、文化的、心理的、社会的刺激，各种生活事件，都可以成为应激源，只是因不同的人群、个体、情境所引起的应激反应的强度不同而已。

大学生适应中的主要应激源归纳起来是三大压力和四大问题。

（1）三大压力

①学习压力。学生以学习为主，学习成绩的好坏在一定程度上成为评价一个学生优劣的标准。社会的竞争体现在大学生身上主要是学业的竞争。一方面，大学生要完成繁重的学习任务，承受考试的压力；另一方面，为了适应将来社会的需要，又要参加各种各样的技能培训班，如近年来在大学校园内出现的"考证热"。担心考试不及格，往往造成学生在考试前后的紧张不安、焦虑和恐惧。

②经济压力。自1997年我国高校实行缴费上学，由于社会生活水平的变化，大学生所缴费用与上学花销在逐年增加，经济困难成了一部分学生尤其是贫困生的压力源。这些学生由于经济困难，在与同学交往中有自卑感，有的学生因为缺乏学习期间的经济保障而忧虑。

③就业压力。随着大学生就业实行双向选择，不少大学生深感择业就业的压力。一方面他们认同竞争，赞成双向选择，但另一方面又担心机会不均，害怕找不到自己满意的工作岗位。不少新生从高年级学生身上感受到就业的压力，也为自己的前途感到焦虑、担忧，不知所措。

（2）四大问题

①学校生活环境与生活习惯的适应问题；

②自我认识与评价问题，即如何在新的集体中对自己有一个正确的认识和准确定位；

③人际关系问题；

④恋爱与异性交往问题。

## 三、大学生适应中的主要心理问题分析

### （一）孤独感

孤独感是指因离群而产生的一种无依无靠、孤单烦闷的不愉快情绪体验。如果一个人的孤独感特别严重，并且长期存在，就会使人心情郁闷、精神压抑、性格古怪，影响正常的学习和人际交往。大学新生越来越发现自己与其他人之间的心理差异，意识到自己与众不同的特点，便会产生与人交往、了解别人内心世界并被同龄人接受的需要。如果这种需要得不到满足，便容易感到空虚，产生孤独感。大学新生产生孤独感的原因是多种多样的，主要有以下几方面：

1. 离开家乡和父母而带来的孤独

刚上大学，远离了父母和昔日的朋友，大学新生感到人生地不熟，都不同程度地感到孤独。

2. 自我评价不当带来的孤独

自我评价过低者易产生自卑心理，表现为胆怯害羞、缩手缩脚，经常压抑自己的言行，不轻易对别人袒露内心，闭锁的心理自然影响与别人的交往，形成冷漠孤独情绪。自我评价过高者，产生自负心理，孤芳自赏，看不起别人，在交往中不合群，不尊重他人，导致他人的不满，受到同学的疏远，陷入孤独。

3. 缺乏人际交往技巧带来的孤独

一些大学新生由于缺乏人际交往技巧导致沟通不良，产生了交往障碍，出现了苦恼、焦虑、浮躁和无所适从的现象。例如，有的学生想与同学交流，却经常感到无话可说；有的学生想与异性交往，但在异性面前紧张、脸红；有的学生与同学产生误会，却不知如何解决等。

### （二）失落感

失落感是因理想与现实的反差太大引起的失望、不满、沮丧等消极的情绪体验。

大学生普遍富有理想，对现实和未来怀着美好的期望，对大学充满了憧憬和向往，想象它是一座金碧辉煌的知识殿堂。但是大学生活并非如理想中那么浪漫、那么充满诗情画意，正如许多新生所说："进到大学好像是从理想的天堂回到了现实的土壤。失

望是大学给我的印象，我想象中的大学生活是充满花香和温馨，非常美丽的生活，而现实中的大学生活枯燥无味，整天就是上课、吃饭、作业，还需应对令人恐惧的考试。"社会中的不良现象在大学校园里也或多或少存在，如评优评奖不公正、考试作弊等。"理想大学"与"现实大学"的反差导致了一些大学生产生失落感，更引发了不满、愤怒、忌妒、焦虑等消极心理，有研究者总结关于新生的失落有以下几个方面：

①大学和自己想象的不一样——理想和现实的矛盾；

②自己的志愿是重点学校，到了普通学校，有一种不甘——愿望和现实脱节；

③原本自己很优秀，在新集体中找不到感觉——失落；

④生活中少了很多呵护——恋旧；

⑤特长不足带来在同学和集体活动中的无奈和尴尬——自卑；

⑥心中的话不知对谁说——孤独。

### （三）挫折感

大学生怀抱着许多的幻想、希望，为将理想变成现实，付出各种努力去追求。当这种需求持续地不能得到满足，就产生了挫折感。挫折感也可称为需要得不到满足时的紧张情绪状态。如果挫折的障碍与压力持续时间长，影响范围广，会使人处于一种不利身心发展的状态，给大学新生带来失望、压抑、沮丧、忧郁、苦闷等紧张心理反应。大学生在日常生活中可能遭遇到各式各样的挫折，包括大学生活适应、家庭、恋爱、专业学习、人际交往、就业等。根据挫折强度的大小可以把挫折分为两类：一般性挫折和严重性挫折。一般性挫折指的是大学生在对自己而言不太重要的事情上遭受的挫折，也就是日常生活中的"小事"或"不愉快"。如自己有烦恼找同学倾诉，对方不能理解自己；学习成绩下降；因一件小事与同学关系紧张；害怕不被朋友接受，感到孤独和悲伤等。严重性挫折指大学生在与自己关系密切或影响个人前途发展的问题上遭受的挫折，如亲人亡故、家庭悲剧、失恋、重要考试失败等。一般而言，大学生遭受严重挫折的概率较小，更多情况下是遭受一些小挫折的烦扰。但如果一个人对生活中的小事应变能力不强，就会导致另外的麻烦接踵而来，这样实际上构成了严重挫折，长此以往对身心健康极其不利。研究发现，日常生活中的一般性挫折与人们的不适应行为密切相关。

挫折感产生的主要原因包括：

①生活环境适应不良带来的挫折；

②学习环境适应不良带来的挫折；

③人际环境适应不良带来的挫折。

如果从主客观两方面来分析的话，应试教育、人际环境改变、社会环境的影响以及经济上的压力，是导致大学新生适应不良的客观原因；心理脆弱、适应能力差、自我期望值过高、缺乏客观的自我认识和适应新环境的技能，是导致大学新生适应不良的主观原因。

## （四）迷失感

有人打过这样的比方：上大学前，大学是一盏很亮同时很远的灯，同学们好像在黑夜里，除了这盏灯，周围一切都看不清，大家只顾朝着灯跑。上了大学，好像天亮了，灯的光芒消失了，太阳却还没有出来，一下子分不清东西南北，不知道该朝哪个方向跑。刚入学的新生在最初大学生活的新鲜感过去之后，容易产生一种莫名的迷茫，行为上表现为一种"无目标状态"，情绪上有明显的郁闷、不适感。这种迷失感主要有四种表现：一是高考紧绷的弦放松了，新的目标还没确定；二是学习模式变了，还没找到适合自己的新路子；三是生活自由了，却不能很好地管理自己；四是新的问题多了，似乎都没有标准答案。

1. 学习目标的迷失

中学阶段，学生都有一个明确具体的目标——考大学。考大学既是压力又是动力，迫使学生拼命学习。随着上大学目标的实现，压力突然消失，而新的目标是什么，还不清楚，一些大学生也就暂时失去了学习动力，于是得过且过，甚至荒废学业。

2. 学习方式的迷失

中学学习都有老师具体的安排和督促，学习内容和方法要求十分明确；而大学是自主性学习，学习时间、空间很宽松，内容、要求、方法大都由自己把握。面对纷繁复杂的内容，无统一的标准、专人的督促与辅导，很多大学生不知从何下手，如何去把握，好像在森林里迷失了方向，找不到适合自己特点和大学学习特点的路子。

3. 思想观念的迷失

大学里各种流派观点不断涌现，新的观念层出不穷，中西文化交融、现代与传统碰撞，民族文化、地方文化、主流文化、非主流文化形成文化的"大会餐"。但由于大学生阅历较浅，文化积淀不深，分辨能力不强，对传统文化和主流文化的社会价值认同度降低，陷入多元文化的价值观冲突中，感到无所适从而陷入迷惘。

# 第三节　大学生适应问题的心理调适

## 一、适应的心理误区

### （一）习惯了就是适应吗

传统的观点认为习惯即适应，即一个人对所处的环境满意，工作顺手、感觉良好，便是适应良好。但是，用变革的观点来看，未必是真的适应良好，而且很有可能成为自我发展的束缚；心理学家认为，习惯是人的潜能发展的大敌，因为大部分人在一个环境待久了，也常常形成一套对这个环境所固有的思维习惯和心理上的惰性，如果不去主动地寻求变革，就会墨守成规，限制自己的发展。马斯洛说："对于世上一成不变的事物来说，习惯何等有用！但是当要去应付世上一些不断变化和流动着的事物的时候，习惯显然就构成障碍和阻力。它影响我们去适应新的、独特的，从未碰到过的情况。因此，人身上的这种'惰性'——'最少努力原则压抑着人的潜在能力的发挥'。"所以，信息社会、变革时代的大学生不能简单满足于习惯，而要培养不断适应新环境的能力，充分发挥自己的潜能。

### （二）服从就是适应吗

在传统观念中，适应新环境的思维和行为模式就是服从。读什么专业，学什么课程，从事什么职业都是别人规定好的，不用选择，只有服从。这种模式可使人们的心理减少矛盾冲突，趋于稳定，但也限制了人的主体性的发挥。在计划经济体制下，大学生的招生、分配都按国家计划进行，人才很少流动，大学生只需服从，做一颗人民的"螺丝钉"。如今，市场经济条件下，大学生根据人才市场的要求来选择专业、课程，毕业后个人和单位进行双向选择，就业工作后有新的发展机会还可以跳槽重新选择。服从是被动的，虽然可避免因选择带来的风险、困惑和烦恼，但也失去了更多的自由和更多的发展机遇。因此，大学生适应环境，更应积极主动面对市场，面对机遇，应对各种挑战。

### （三）时尚是适应吗

在人们的观念中，还存在着这样的心理误区：追求时尚、流行即适应。许多大学生认为，只要跟得上社会的流行趋势，围绕着社会的热点、焦点行事即适应了社会。时尚即适应吗？表面上似乎如此，其实不然。时尚的、流行的反映着社会生活某方面的新动向、新变化、新形态，更多地满足人们的求新求异心理，并不一定能代表社会发展的主流和本质，如时尚服装、流行歌曲、流行色等，甚至有的时尚居然还是复古。当今社会变化很快，热点、焦点很多，快得让你应接不暇，来不及冷静观察思考，多得让你眼花缭乱，分不清虚实真假。如果盲目追求时尚，缺乏自己的发展目标，结果会适得其反，无所适从。真正的适应应对时尚进行分析，思想与时俱进，行为推陈出新，既了解社会的发展趋势，又明了自己的特长，结合社会需要和个人理想，确定适合自己的发展目标，勇于探索，积极进取，开拓事业新天地。

## 二、增强适应能力的策略

### （一）正确认识自我，接纳自我

心理学研究表明，个体对自我的认识和评价，越接近现实，自我防御就越少，社会适应能力就越强；反之，过低评价自己或过高评价自己，常常使自己感到焦虑、不安而产生心理问题。只有客观评价自己，不苛求自己，不为自己的缺点而沮丧，也不为自己的长处而自傲，能扬长避短、乐观自信、宽容豁达，才能促进个性的发展与完善。

正确地自我认知、悦纳自我是调整心理不适的关键。西方古希腊学者认为，最高智慧就是"认识你自己"。东方也有相同的慧言："仁者他知，智者自知。"认识自我虽不容易，却是必须和可能的。正如马克思所说："一切真理精华在于人们最终会自己了解自己。"[1] 在经历了心理落差之后，重新审视自我，全面客观地认识自我，明白"我是谁"，总结自己的优点是什么，缺点是什么，自己追求的人生目标是什么，既看到优点和长处，也承认存在弱点和短处，并积极地去改善和弥补，能够接受自我、超越自我、完善自我，坦然面对各种挑战。

① 马克思，恩格斯. 马克思恩格斯全集20[M]. 北京：人民出版社，1965.

### （二）采取积极行动

你是否有过这样的体验？当你面对一件事情的时候，你觉得它很复杂，开始看起来很困难，对是否能够完成它，可能心中没有把握，然而，当你一步一步积极去做时，你会一点一点地取得成功，当你最后圆满地完成任务时，你也由此获得自信。如果你不去行动，沉浸于自己"冥思"的烦恼之中，你可能永远都不知道自己是否能够去完成它。对环境的适应同样如此，当你对新的环境不熟悉、不满意时，也要采取积极的行动，为集体为他人做些事情，在行动的过程中，逐渐熟悉了解新的环境，别人也从你的行动中了解你，你逐渐融入新的环境当中。当你全身心地投入工作中时，你将不会像往日那样，去琢磨自己的心境，从而摆脱环境不适应带来的孤独、苦闷、空虚的恐惧，慢慢地你会获得充实和愉快。

### （三）合理运用心理防御机制

当个体处在挫折与冲突的紧张情境时，会感到困扰、不适应，甚至体验到一种痛苦的折磨，出于自我保护的本能，在其心理活动中会产生一种自觉不自觉地消除或减轻这种状态的倾向，会有意无意地采取某种方式来恢复心理平衡。人的这种摆脱痛苦、减轻不安、稳定情绪、平衡心理的自我保护机制通常称为心理防御机制。心理防御机制可以起到缓冲心理挫折、减轻焦虑情绪的作用，并且可为人们寻找战胜挫折的办法提供时机。正确运用心理防御机制，可以调解由适应不良引起的心理不适。比如，运用合理宣泄：把个人的忧虑、烦恼和不平向自己信任的老师、同学、朋友宣泄一番，可以减轻心理压力；"升华"使你转移或实现原有的情感，达到了心理平衡，同时又创造了积极的价值，利己利人。

### （四）寻找心理咨询的帮助

在新生适应不良需要维护和促进心理健康的过程中，大学生除了重视自我调节，重视朋友的帮助、家长的支持、教师的指导，还应该有寻求专业机构帮助的意识。特别是当心理压力较大，心理冲突激烈，自我调节难以奏效时，应主动及时地寻求专业指导。

大学心理咨询主要是发展性咨询，是针对大学生在学习与生活中的各种困惑、心理冲突、感情纠纷和精神压力等问题，帮助学生分析问题的症结所在，找出摆脱困境、解决问题的办法。它是提高大学生心理素质的重要途径，是缓解大学生心理矛盾的有效方式。大学新生通过心理咨询，既可以开发潜能，促进自我发展，又可以缓解心理冲突，恢复心理平衡，增进心理健康，健全和完善人格。因此，积极寻求心理咨询的帮助，将有助于大学新生健康成长与人格的完善。

## 三、增强适应能力的途径和方法

### （一）学会生活

1. 培养良好的生活习惯

①早起、早睡，合理安排作息时间；

②合理饮食，主副食搭配合理，鱼、肉、蛋、奶、蔬菜、水果比例合适；

③讲卫生、爱整洁，勤洗澡、换衣服，勤晒被子，勤打扫卫生；

④适当的体育锻炼和文娱活动。

2. 提高个人财务管理能力

（1）计划用钱

先写下自己每个月的收入数额，减去每个月固定花费，如吃饭、学习用品、生活用品等，剩下灵活支配的钱，列出财务计划清单，尽量每月按计划用钱，减少冲动性消费，量入为出。如果冲动性花费高于灵活性支配的总数，就可能造成经济危机。

（2）合理消费

学会消费也是一种能力。合理消费，就是要结合自己的需要、自己的实际能力、问题的实际情况等来综合考虑消费方式和消费水平。记下一个月中所有的花费，然后进行统计，看用于学习、生活、娱乐、交友等各种项目分别有多少，然后了解自己的钱花在什么地方，需要花在什么地方，再根据财力和实际情况，首先保证生活、学习等必要开支，减少不必要开支，把钱用到真正需要的地方，做到合理消费。

3. 做时间的主人

（1）守时

严格遵守作息时间，按时作息，上课、开会不迟到，自习、活动不溜号。守时是每一个受高等教育的人应有的基本品质。

（2）惜时

"一寸光阴一寸金，寸金难买寸光阴"，浪费时间等于浪费青春、浪费生命。大学课余时间较多，可自由支配的时间多，有的同学就利用这段时间玩乐，上网、聊天、玩游戏、谈情说爱、逛街等。由于放松了对学习的要求，不珍惜时间，等到考试时，该看的书没看，该记的东西没记，只得"临时抱佛脚"。

（3）追求时间效率

"时间就是金钱，效率就是生命。"大学生要学会高效率地利用时间，最大限度地追求时间效率。有一个著名的效率专家，每天早晨在卫生间洗脸刷牙时，就开着录音机听外语，结果几年下来，他和他的家人都学会了一门外语。大学生学会分配时间，善于兼顾学习、生活的各个方面，在全力保证学习的时间条件下，安排好体育锻炼、业余爱好、娱乐休息和社交活动等时间。要根据自己的特点，知道什么事情在什么时间做最有效，什么事情先做，什么事情后做，进行科学合理的安排和有效的管理。这样，学会做时间的主人，既能保证学习任务的完成，又能增长见识和才干，促进自己全面和谐发展。

## （二）学会学习

### 1. 尽快熟悉学习环境

新生入学后，首先要了解学习环境，学会利用现有的学习条件和学习资源。大学的教学内容包含的信息量较大，单凭死记书本是远远不够的，必须通过各种渠道获取信息，充分利用学校的各种教学资源和辅助设施来掌握、运用所学的知识，增强学习能力。在入学之初，要迅速熟悉学校一切可利用的教学设备及辅助设施，如教学楼、办公楼、图书馆、电教馆、实验楼、语音室、电子计算机房、多媒体室等，并尽快学会运用。

### 2. 及时确立新的学习目标

目标是人们活动所追求的预期结果，是激发人的积极性使之产生自觉行为的必要前提，目标对人的行为具有定向作用、激励作用和维持作用。没有目标，就没有方向和动力。中学时期考大学是学生追求的目标。考上大学后，一旦没有新的目标，就会失去努力方向，出现"动力真空"，失去上进心和学习兴趣。于是有的同学终日玩乐，不思进取，做一天和尚撞一天钟，成绩直线下降。大学新生应尽快树立新的学习目标，做好大学四年的学习生涯规划。如继续深造考研，或完成学业，找到一份好工作。无论是哪一种目标，大学生都要根据自己的实际情况，认真地给自己定位，制订一份详细的大学学习生涯规划，并善于将大目标分解成具体详细的小目标，这样，才能在大学学习和生活中体会到成就感和充实感。

3. 树立发展式学习理念

树立发展式学习理念就是将学习当成个人终身发展的任务，在不同的人生阶段指向不同的目标，建立客观、合理的评价体系，确立自我价值，应对学习中的困难，调节心理冲突，在获得知识、能力的同时，也达到心理上的和谐统一，保持心理健康的状态。

学习是个动态发展的过程，随着知识经济时代的到来，学习过程不再随着学校生活的结束而结束，而是伴随着人的一生，在人生的不同阶段都有相应的学习任务。现代社会要求人们要终身学习，终身接受教育。因而，在大学学会怎样学习，就会为将来的终身学习打下良好的基础。大学的学习在学习内容和形式上都有所不同，要适应大学的学习，就必须客观地认识、了解大学学习的特点和模式，学习应对学业困难的方法和技巧，注重创造能力的培养。大学生要从根本上改变学习状态，从学习中获得乐趣，就需要对学习有深入的理解，真正明白要学习什么，为了什么而学。只有树立发展式学习理念，懂得学习是发展的一项终身任务，明确个人的发展目标，确立恰当的自我评价体系，才有助于克服困难，获得更多的知识，保持心态的平和。

4. 调整学习方法

大学学习与中学学习相比有很大的差别，这种差别必然导致学习方法的不同。大学的教学模式与中学相比最大的变化是：以教师为主导的模式变成了以学生为主导的模式，学生自学能力的培养相当重要。因此，能否养成自主学习的习惯，不仅关系到学生能否很好地完成大学学业，而且还会影响到学生毕业后能否不断地汲取新的知识，创造性地进行工作。

自主学习主要包括以下内容：

①确定学习目标；

②制订学习计划；

③安排学习时间；

④独立完成作业；

⑤检查学习效果；

⑥查阅资料、检索文献；

⑦批判式学习；

⑧培养求知、求真、求实精神，积极探索客观事物发展变化规律。

### （三）学会相处

在大学里，我们要面对的人际关系呈现出复杂化的特点。新生往往缺乏交往经验，容易在处理人际关系时出现问题，产生心理负担。我们应怎样处理好人际关系呢？

1. 接纳他人，求同存异

大学新生彼此是陌生的，彼此有一种距离感。但大学四年要学习在一起、生活在一起，就要彼此接纳，接受他人的生活方式，适应彼此的生活习惯。不接纳他人的人，也无法让别人接纳自己。每个人来自不同的地区、家庭，都有自己的生活习惯、价值观念，有各自的长处，也有缺点和不足。比如：有的人喜欢安静，有的人喜欢热闹；有的人喜欢早睡早起，有的人喜欢熬夜；有的人严谨细致，有的人大大咧咧；有的人非常勤奋，有的人非常懒散。这些习惯都是长期养成的，一时难以改变。当别人的言行不符合自己的要求时，要学会求同存异，不以个人好恶作为标准，承认各人有各人的生活习惯和价值观念，换个角度想问题，不妨想一想：

——别人是如何看待我的"异样"的？

——我这样为人处世，他是不是也很难受？

——如果他看不惯，一定要我适应他，我会是什么感受？

如果针锋相对，寸步不让，不但于事无补，反而会把事情弄僵。当然，如果同学的行为确实妨碍了自己，也不必处处忍让，委曲求全，应委婉地提出意见。此外，还可以调节自己的生活方式。例如宿舍的人喜欢卧床谈心，自己不习惯又无法改变，那么就相应调整计划，或推迟睡觉时间，或听英语、看书。

2. 积极交往，理解宽容

交往的心理和行为是受根本态度支配的。与同学交往的正确态度是诚恳、尊重、宽容。以诚待人，使人产生安全感；尊重他人，使人信赖，获得愉快；对人宽容豁达，赢得真心，增添人格魅力。积极交往，就是在平时的生活中不要消极被动，要积极主动，即主动与同学打招呼，主动和同学讲话，主动帮助别人。

理解是人际交往的基本需要，宽容是人际交往的一种美德。学会理解宽容是我们处理人际关系的一项重要原则。有的人过分看重自我，以自我为中心，言谈举止不考虑别人的感受，缺少理解和宽容，这种人在群体中往往不受欢迎，容易被孤立。当然宽容也是有原则的，对于不良品行和不良习惯就不能听之任之，否则就是纵容，如深夜看电视、酗酒、吵闹，随便乱用别人的东西等就不能置之不理。

理解宽容的最好注释是：像你希望别人对待你那样对待别人。

——你希望别人肯定你，就去真诚地赞赏对方。

——你希望别人关心你，就去真诚地关心对方，关心他的需要和心理感受。

——你希望别人尊重你，就去尊重别人，即便是非常好的朋友，也要给彼此留有空间，不能把自己的意志强加于人。

——千万不可"我对别人怎样，别人必须对我怎样"。

3. 异性交往，把握尺度

异性之间的交往是人际关系的重要组成部分，也是衡量我们交往能力的一个重要标志。社会是由两性构成的，如果大学生不善于与异性交往，或处理不好与异性之间的关系，就会影响大学生活的适应。同学之间的异性交往可以增进相互了解，获得异性的信赖和友谊，还能消除对异性的神秘感，促进男女情感世界的稳定。与异性交往也是青年学生获得真挚爱情的必要前提。

有人不相信男女之间会产生纯洁的友谊，一看见男女生在一起，就认为是在谈恋爱，或关系不正常。这种看法是错误的，异性友谊不等于爱情，爱情与友谊是有本质区别的。我们提倡大学生建立发展友谊，把握好友情与爱情之间的界限、尺度。

——端正交往动机，遵循道德原则，发展健康文明的异性关系。

——保持距离，把握分寸。

——关注集体活动，减少不必要的单独相处。

——广泛交友，扩大友谊圈。

——把握好友谊与爱情的界限，以免让对方误解，错把友谊当爱情。

# 第四节　心理素质拓展训练

## 一、心理影片:《女大学生宿舍》(又名《武大校园》)

时间:1983 年。

剧情:《女大学生宿舍》根据喻杉所著同名短篇小说改编。20 世纪 80 年代初,大学中文系 205 号女生宿舍,住进五个刚入校的姑娘。拥有不同的家庭背景的她们,或多或少地对大学新生活不适应,同时由于生活习惯的差异也导致寝室人际关系不和谐。尽管五位新生性格各异,但是在经历一个学期短暂的磨合后,205 宿舍的五个姑娘终于在互相理解的基础上建立了深厚友谊。

在大学新生活适应不良方面,影片中表现比较典型的当属辛甘和匡亚兰。见面的第一天,辛甘和匡亚兰为了上下铺争了起来,辛甘从小被溺爱着,自身家庭条件也比较殷实。而匡亚兰是个孤儿,家庭条件特别艰苦,她只有用课余的时间去干苦力赚学费,做事情都是独来独往的,因此会给别人一种神秘和距离感,她的沉默寡言也很难交到知心朋友。

虽然辛甘和匡亚兰对于大学的新生活表现出了不同程度的不适应,但是当误解和矛盾慢慢地解开后,她们融入了大学生活。一方面她们积极地参与到活动中,另一方面大家也改变了对匡亚兰的看法,她收获了大家的尊重和帮助。姑娘们变得越来越团结,感情也越来越浓厚。正如电影的尾声所说:友谊、理解、信任;它们不仅对我们的大学生活而且对我们的人生都非常珍贵!

那么,在观看了本部影视作品后,你在面对大学新生活和大学生宿舍关系时,又会选择怎样的方式呢?

## 二、心理游戏：大风吹

游戏人数:不限。

游戏场地:室内。

游戏对象:适合刚认识或不认识的人。

游戏方法：

1. 把比人数少一把椅子数目的椅子围成一圈。

2. 除了当鬼的人，其余的人分别坐在不同的椅子上。每张椅子限坐一人。

3. 做鬼的人站在中央，他可以随意说大小风吹。如果他说大风吹，他说有××的人必须起来换位置。如果说小风吹，则相反，没有××的人起来换位置。换位置时不能持续两人互换或坐回原位。没抢到位置的人则是新鬼。

4. 坐鬼三次的人则算输，需接受处罚。

题目例子：

鬼：大（小）风吹。

其余的人：吹什么？

鬼：吹戴眼镜的人（如是大风吹，则是戴眼镜的人起来换，如果小风吹，则是没戴眼镜的人起来换）。

# 第三章　大学生自我意识与培养

"认识你自己"，这句镌刻在古希腊德尔菲城阿波罗神庙里的碑铭提醒人们，最难认识的就是自己。人的一生始终都在寻找自我、实践自我、超越自我。人不仅能意识到周围事物的存在，而且能意识到自己的存在，能意识到自己在感知、思考和体验，也能意识到自己有什么目的、计划和行动，以及为什么要这样做而不那样做，这样做的后果将会怎样，应如何调节自己的行动等。

认识自我、完善自我不是一个简单的命题，它是一个需要人用一生去探究的复杂的、持久的课题。只有了解自我，才能正确地评价自我和准确定位，才能在人生的每个时段找准正确的方向，不断前行，攀越一座又一座高峰。

本章通过探讨自我意识的内涵、发展过程，大学生自我意识的特性、冲突以及大学生自我意识的培养等内容，使学生了解自我意识的基本概念，掌握自我意识偏差调适及培养完善的方法。

## 第一节　自我意识概述

### 一、自我意识及其功能

一直以来，人类对自我意识都很感兴趣。早在两千多年前，人们就开始了对自我的探索。在过去的很长一段时间内，人类对自我意识的探讨主要停留在哲学的思辨领域，古希腊哲学家苏格拉底提出了著名的口号"认识你自己"。古希腊哲学家亚里士多德的《灵魂论》开始对人类的心理活动进行探究，法国的笛卡儿首先提出了"自我意识"的概念。但真正从心理学角度研究自我意识的是美国心理学家威廉·詹姆斯（William James），1890 年，其著作《心理学原理》首次将自我意识引入心理学研究领域。自此以后，自我意识一直是心理学领域里的热点和重点，心理学家们主要对概念、结构、发展因素和自我意识的发生等一系列问题进行理论探讨和实证研究。

### （一）自我意识的概念

关于自我意识的概念一直以来都是众说纷纭，心理学家持有多种观点。"自我"一直是临床医学上的一个核心概念，精神分析学派鼻祖西格蒙德·弗洛伊德在1923年《自我与本我》一书中提出了本我、自我和超我三种人格结构。

本我即原我，是指原始的自己，包含生存所需的基本欲望、冲动和生命力。本我是一切心理能量之源，本我按快乐原则行事，它不遵循社会道德、外在的行为规范，它唯一的要求是获得快乐，避免痛苦，本我的目标乃是求得个体的舒适、生存及繁殖，它是无意识的，不被个体所觉察。

自我是自己可意识到的执行感觉、记忆、判断或思考的部分，自我的机能是寻求"本我"冲动得以满足，而同时保护整个机体不受伤害，它遵循的是"现实原则"，为本我服务。

超我是人格结构中代表理想的部分，它是个体在成长过程中通过内化道德规范，内化社会及文化环境的价值观念而形成的，其机能主要在监督、批判及管束自己的行为，超我的特点是追求完美，所以它与本我一样是非现实的，超我大部分是无意识的，超我要求自我按社会可接受的方式去满足本我，它所遵循的是"道德原则"。

詹姆斯认为，自我意识经过儿童期那种稳定的、整体的"我"得以分化，出现了两个"我"，即被观察者的"我"和观察者的"我"。这种分化意味着自我矛盾冲突的加剧，造成对自我的肯定和否定、客体我和主体我的矛盾斗争。

我国学者黄希庭认为，自我概念是个人对自己所有方面的知觉，是一个多维度、多层次、有组织的结构，具有评价性和区分性。[①]

林崇德认为，自我概念是个人心目中对自己的印象，包括对自己存在的认识，以及对个人身体能力、性格、态度、思想等方面的认识，是由一系列态度、信念和价值标准所组成的有组织的认知结构，个人的各种特殊习惯、能力、观念、思想和情感组织联结在一起，贯穿于经验和行为的一切方面。[②]

---

① 黄希庭. 探究人格奥秘 [M]. 北京：商务印书馆，2014.
② 林崇德. 发展心理学 [M]. 杭州：浙江教育出版社，2002.

在自我意识概念的界定问题上，现在普遍的观点是：自我意识是一个人在社会化过程中逐步形成和发展起来对自我及与周围环境关系的认知、体验和调控，是一种包含了认知、情感、意志等多种心理机能的多维度、多层次的心理系统，是人格调控系统的核心。

### （二）自我意识的特性

自我意识是人类所特有的心理系统，它具有意识性、社会性、同一性和能动性等特点。

1. 意识性

意识性是指个体对自我以及与周围世界的关系有着清晰、明确的理解和自觉的态度，而不是无意识或潜意识。这种自我意识是主体我对客体我的一切主观能动的反映。

2. 社会性

自我意识既是人与动物心理的根本区别，又是人的心理发展成熟度的重要标志，但自我意识不是人自然成熟的结果。自我意识的形成和发展是个体社会化的一项重要内容，它是在一定的社会文化背景下，通过一定的社会生活实践得以实现的。自我意识的主要内容是个体社会属性的反映，对自我本质的意识，不是意识到个体的生理特性，而是意识到个体的社会特性，意识到个体的社会角色，意识到个体在一定的社会关系和人际关系中的地位和作用。因此，自我意识是个体长期社会化的产物，反映出较强的社会制约性。

3. 同一性

心理学研究表明，一般需要经过 20 多年的发展，直到青年中后期才能形成比较稳定、成熟的自我意识。虽然这种自我意识有可能因个体实践的成败和他人评价的改变而发生变化，但到青年期以后，个体会对自己的基本认识和态度保持同一性。正因为自我意识的同一性，才会使个体表现出前后一致的心理面貌，从而使自己与其他人的个性区别开来。

4. 能动性

自我意识的能动性不仅表现在个体能根据社会或他人的评价、态度和自己实践反馈的信息来形成自我意识，而且还能根据自我意识调控自己的心理和行为。自我意识，不仅使人能对自我有清晰的反映，而且能统领、调控自身的心理和行为，从而使自我这一意识的客体转化为意识的主体。

### （三）自我意识的功能

自我意识是个体对自己以及与自己有关的各种信息的整体认识，这种认识影响着个体的情绪并控制着个体的行为。自我意识是人的意识的最高形式，自我意识的成熟是人的意识的本质特征。自我意识以主体及其活动为意识的对象，因而对人的认识活动起着监控作用。通过自我意识系统的监控，可以实现人脑对信息的输入、加工、存储、输出的自动控制系统的控制，这样，人就能通过控制自己的意识而相应地调节自己的思维和行为。个体的自我意识与个体的成长发展息息相关。自我意识在个体成长和发展中具有导向、激励、自我控制、内省调节等功能。

1. 导向激励功能

目标是人才发展的导航机制。一个人要想成就一番事业，就必须从自身的实际出发，制定明确的目标，只有如此才能调动自身的潜能，激发强大的动力。人通过正确的自我认识，确立较为合理的"理想自我"，这会为个人将来的发展确定目标，对个人的认知、情感、意志、行动产生很大影响，是个体活动的动力。自我意识健全的个体，在从事一项活动之前，活动的目的和结果就以观念的形式存在于头脑之中了，并依此做出计划，指导自己的活动，从而激发起强大的动力，达到预期的目标。

2. 自我控制功能

一个人如果有了发展目标而不付之于行动，结果就是一无所获。个体要想将来有所建树，首先要有科学的目标，同时还要有自立、自主、自信、自制的意识，并对自己偏离目标的情感和行动，加以控制和调节。在通往成功的大道上，很多人与成功失之交臂，并不是缺乏机会和才华，而是因为缺乏自我控制意识和能力。自我控制是自我意识发挥能动作用的一个重要表现，它是目标的保护神，是成功的卫士，是自我意识的一项很重要的功能。缺乏自我控制意识和能力的人，是一个盲动、情绪化的人，缺乏恒心与毅力的人终将一事无成。

3. 内省调节功能

自我意识健全的个体，不仅能够确立符合个体的"理想自我"，而且能够通过自我控制来实现预期目标。而由于主客观条件的制约，"理想自我"的实现常常会遇到各种障碍，致使个体产生不同程度的挫折感。这时，自我意识就会对自己的认识、情感、意志、行为等进行反省，找到受挫折的主客观原因，并重新调整认识，形成新的

"理想自我"，其与"现实自我"趋于统一。内省和调节就是个体成长中的自我监督和自我教育，要想使自己成为自我实现的人，就需要建立积极的自我意识，随时对自我的认识、情感、意志和行为加以反省和调节。

## 二、自我意识的结构

自我意识是一种多维度、多层次的复杂心理现象，自我意识从不同的角度可以有不同的内涵。

### （一）按内容划分——生理自我、社会自我和心理自我

从自我的内容上看，自我意识由生理自我、社会自我和心理自我三个成分组成。

1. 生理自我

生理自我指个体对自己躯体、性别、体形、容貌、年龄、健康状况等生理物质的意识。有时也将个体对某些与身体物质密切相关的衣着、打扮及外部物质世界中与个体紧密联系并属于"我的"人和物（如家属和所有物）的意识和生理自我一起统称为物质自我。它还可以分为躯体自我和躯体外自我，躯体外自我包括自我自身之外的东西，如我的孩子、我的汽车、我的家乡，以及劳动成果——我的画。当然并不是这些物理实体才构成物质自我，相反，是"我"的心理主宰了它们。生理（物质）自我在情感体验上表现为自豪或自卑；在意向上表现为对身体健康、外貌美的追求，物质欲望的满足，对自己所有物的维护等。

2. 社会自我

社会自我指的是他人的看待和承认，包括个人对自己的社会关系、人际关系中的角色意识，对自己承担的社会义务和权利的意识等。在宏观方面指个体对隶属于某一时代、国家、民族、阶级、阶层的意识；在微观方面指对自己在群体中的地位、名望，受人尊敬、接纳的程度，家庭、亲友及其经济、政治地位的意识。在情感体验上也表现为自豪或自卑。在意向上表现为追求名誉地位，与人交往，与人竞争，争取得到他人的好感等。

3. 心理自我

心理自我指个体对自己心理特点的意识。心理自我是我们的内部自我或我们的精神自我。我们所感知到的能力、态度、情绪、兴趣、动机、意见、特质，以及愿望都

是精神自我的组成部分，如自尊、自我效能感、自我同一感、忧虑、愉快等。在情感体验上表现为自豪、自尊或自卑、自贱。在意向上表现为追求智慧、能力的发展和追求理想、信仰，注意行为符合社会规范等。

生理自我、社会自我和心理自我既相互区别又相互联系，是个体自我意识的有机组成部分。个人的这三种自我不是机械的堆积，而是在个体描述的背景下完成的。个体描述是指个体的记忆、情感和体验。简而言之，个体描述使个体的生活的各个方面变得统一和有意义。

### （二）按自我意识的形成划分——自我认知、自我体验和自我控制

从自我意识的形式上看，它由自我认知、自我体验和自我控制三种心理成分构成。这三种心理成分相互联系、相互制约，统一于个体的自我意识之中。

1. 自我认知

自我认知属于意识的认识成分，是指对自己的认识和评价，包括自我感觉、自我观察、自我分析和自我批评等。自我认知主要涉及"我是一个什么样的人"等问题。比如有人观察自己的体形，认为属"清瘦型"；分析自己的品性，认为自己是个诚实的人；用批评的眼光审视自我时，觉得自己脾气急躁、容易冲动。

在客观的自我认知基础上做出正确的自我评价，对于个人的心理生活、行为表现及协调个人在社会群体中人际关系，都具有重大的影响。如果一个人在社会生活中，认为自己低人一等，没有价值，那么，他就会产生自卑感，做事缺乏胜任的信心，没有主动性和积极性，结果是无论做什么事情都难以保证质量。相反，如果一个人只看到自己的长处，那么，他就会产生盲目乐观的情绪，自我欣赏、自以为是，其结果往往不能处理好人际关系，难以与人合作，或被他人拒绝、被群体孤立。可见，对自我的客观认知和评价，对个人的健康发展有着不可忽视的影响。

进行客观的自我认知并在这一基础上对自己做出正确的自我评价是一个极为复杂的过程。社会比较理论认为这一过程是一个在社会中进行比较的过程，是个体通过对自己的价值和他人的能力及条件的比较而实现的。个体生活在社会群体中，要想与他人和睦相处，适应周围环境，完成社会化，就必须十分清楚周围的社会环境，知道自己所处的社会地位和所产生的社会作用。如果个体对周围的社会环境不了解，就会无所适从，感到紧张不安，甚至产生焦虑。个体在进行自我认识时，还同时受到个体本

身的需要、愿望、动机等许多心理因素的影响，因此，个体对自己身心的自我认识总是或多或少存在着一定的误差。当个体发现自我评价与社会对自己的评价一致时，个体就会有安全感，对自我评价充满信心；反之，当个体发现自我评价与社会对自己的评价相去甚远时，个体则会与周围人的关系失去平衡，产生矛盾，进而丧失安全感。长此下去，就会导致个体自满或自卑，不利于个体心理的健康成长。

2. 自我体验

自我体验是伴随自我认识而产生的内心体验，是指个体对自己所持的一种态度。自我体验主要涉及"我对自己是否满意"等问题。它是自我意识在情感上的表现，反映了主我的需要与客我的现实之间的关系。客我满足了主我的要求，就会产生积极肯定的自我体验，即自我满足；反之，客我没有满足主我的要求，则会产生消极否定的自我体验，即自我责备。自我体验的内容是十分丰富的，如自尊心与自信心、成功感与失败感、自豪感与羞耻感等。

客我能否满足主我的要求，往往与个体的自我认知、自我评价和个体对社会规范、价值标准的认识有关。成功感和失败感是根据个体的自我认知与自我期望水平而确定的，决定于个体的内部标准。如个体在完成某项工作时，他人认为他未获成功，而个体可能认为自己取得了成功；或者是他人认为他已取得成功了，而个体自己却认为是失败的。由于个体的自我期望水平要受社会期望标准的影响，因而，决定个体成功与失败的情绪体验的内部标准，在一定程度上要与社会的共同标准相适应。当个体体验到成功感时，就会产生积极的自我肯定，向更高的目标进取；反之，当个体体验到失败感时，则常会产生消极的自我否定，闷闷不乐，甚至放弃努力。可见，如何恰当地处理自我体验，对个体的身心发展具有重大的意义。

自我体验可以使自我认识转化为信念，进而指导一个人的言行；同时，自我情感还能够伴随自我评价激励积极向上的行为或抑制不当行为。自尊心是一种内驱力，激励着个体尽可能地努力获得别人的尊重，尽可能地维护自己的荣誉和社会地位。自信心是对自己智能与精力的坚信，使个体遇难而进，走向成功。但是，如果自尊心和自信心把握不当，就会产生脱离集体、追求虚荣的个人英雄主义，稍有点成绩就趾高气扬，瞧不起他人，而一旦遇到点挫折，则会自卑、自贬，一蹶不振。

3. 自我控制

自我控制是对自己的行为活动或对待他人和自己态度的调解，是自我意识在行为上的表现。自我控制主要涉及"我怎样能成为那样的人"等问题。它是实现自我意识调节作用的最终环节。自我控制属于意识的意志成分，是个体对自己行为、思想和言语等的调节掌控，即对自我的制约作用，包括自立、自主、自制、自强、自卫、自信、自律等，如"我怎样调节自己""我怎样实现自己的理想"。自我控制有两个方面的表现，其一是发动作用，其二是制止作用。人们在克服困难的过程中，个体强制使自己的言语器官和运动器官进行活动，这就是自我控制所起的发动作用。如学生克服贪睡的欲望，晨起跑步早读。而主我根据当时的情境，抑制客我的行动和言语，则为自我控制起制止作用。例如，身患感冒的学生，在上课时强行压制自己避免咳嗽。

自我认识是自我体验和自我控制的基础，自我体验能强化（正强化和负强化）自我控制，自我调控的结果又会强化、校正、丰富自我认识。以上三者互相联系、有机组合、完整统一，构成了一个人的自我意识，成为一个人个性的核心内容。

### （三）按自我意识的观念划分——现实自我、投射自我和理想自我

现实自我是指个人对自己受环境熏陶炼铸，在与环境相互作用中表现出的综合的现实状况和实际行为的意识。它是自我现实的、社会存在的真实反映。投射自我又称"镜中自我"，是个人想象中他人对自己的看法。理想自我指个体为满足内心需要在意念中建立起来的有关自己的理想化形象。理想自我的内容也是客观社会现实的反映，包括对来自他人和社会规范要求以及它们是否满足个体需要的反映。

如果一个人的现实自我与投射自我大体上一致，那么，个体就会有良好的自我认同感。反之，个体很可能会出现自我认同混乱，甚至出现人格障碍。当理想自我的形成建立在理智认识或对他人和社会规范的自觉内化之上时，理想自我指导现实自我积极地适应和作用于社会环境，自我得到健康发展。当理想自我的形成基于焦虑时，理想自我和现实自我之间可能产生冲突，引发个体内心混乱，造成生活适应上的困难，严重的可能引发心理疾患。

## 三、自我意识的产生与发展

自我意识不是与生俱来的，是随着年龄的增长，在社会化过程中逐步形成的。自我意识的发展经历了萌芽、发展和完善等过程。

### （一）自我意识的萌芽（出生至3岁）

刚出生的新生儿并没有意识，也没有自我意识；只有一些简单、片段的感觉、动作和本能的反射，因而和一般的小动物没有多大区别。他们认识不到自己的存在，分不清自己的身体与外界有什么区别，吮吸自己的指头和吮吸母亲的乳头一样。

婴儿一般在8个月时产生"生理自我"，1岁左右产生自我感觉，这是自我意识最原始、最初级的形态。儿童才开始能区分自己的动作与动作的对象，之后把自己这个主体与自己的动作区分开来，有了自我意识萌芽。例如，儿童发现咬自己的手和脚，与咬别的东西（玩具、饼干等）感觉不一样；可以将拿着玩具的手同玩具区分开来，不会再认为玩具是手的一部分等。儿童开始认识到自身是一个独立实体，是动作的主体，体验到了自我的存在和力量，产生了最初的自豪感和自信心，从而形成了自我感觉。但这个时期的儿童是将"自己"当客体来认识的，最有代表性的表现就是，用自己的名字来称呼自己，如"小红要吃饭""小红要玩具"等，还不会用"我"来称呼自己。

2岁以后，儿童学会了使用人称代词"我"，开始从把自己当作客体转化为把自己当作一个主体的人来认识。

3岁左右的儿童，"我"的使用频率增加，产生了一些较为极端的"自我独立"要求，在成人的眼中，这时的孩子常常与父母"闹别扭"，原来顺从而又可爱的孩子，变得很有"主见"，总想按照自己的方式去处理问题，达到自己的目的，事实上，他们做不到。这个阶段开始出现羞耻感、自主性和占有欲。例如，看到母亲喜欢其他的孩子时，会生气、忌妒，甚至动手打那个"抢走"自己母爱的孩子。这一时期的儿童的行为是一种以自我为中心的行为，即以自己的想法解释外部世界，并把自己的想法和情感世界投射到外界事物上去。这一时期，又被称为生理自我时期或自我中心期，是自我意识的萌芽阶段。

### （二）自我意识的发展（3岁至青年初期）

这一时期是个体接受社会化影响最深刻的时期，经历了从幼儿园、小学、中学到大学的人生成长最为关键的时期，个体在游戏、学习、劳动、生活中，通过模仿、认同、练习等方式，逐步形成各种角色观念，建立角色意识。开始能意识到自己在人际关系、社会关系中的地位和作用，意识到自己承担的社会责任与享有的社会权利。

幼儿期自我意识的特点是，完全依照成人的影响来认同自己、他人以及自己与他人的关系，几乎是从他人那里获得"肤浅"的自我评价与自我认识。没有困惑、烦恼与忧愁，因此单纯而快乐。

童年期自我意识的特点是模糊，不大自觉、被动的心理活动主要指向外部世界，对自己的内心世界没有多少认识，如果问"你是一个什么样的人？"许多小学生会答不上来，说没有想过。即使回答，也往往是对自己一些外部特点的描述，如"我是一个爱画画的人""守纪律的人""爱玩猫的人"等，或者是转达教师、家长或其他成人对他的评价。他们也意识不到自己所面临的各种矛盾，因而内心世界很平静。小学的孩子已经能够对自己的行为及与行为相联系的一些品质进行评价，并能初步有意识地调节控制自己的行动。

少年期自我意识的发展有了质的变化，独立性、自觉性和自律性都有了迅速发展，并能够深入自己的内心世界，意识到自己的个性品质，但水平还比较肤浅，不够清晰全面。少年期，他们开始意识到自己与他人、与集体的关系，意识到自己的内心活动，开始想到自己，开始"发现"自己，开始关心自己的发展，开始根据自己的喜好规划自己的人生发展，出现了有一定现实基础的理想，有了较稳定的兴趣爱好，同时，还有了许多内心的"小秘密"；他们开始对周围人的精神世界、个性品质等感兴趣，关注周围人的内心体验、动机、想法、个性特点等。但这时自我意识的水平还不高，对自己的内心世界了解也不深。加之生理发育加快，面对的压力增加，心理矛盾也变得日益突出。

青年初期是自我意识发展的关键时期，期间自我意识经过分化、整合而接近成熟，从而逐渐清晰地意识到自己的内心活动，全面认识自己的心理品质，正确地感知自己的社会角色并能根据社会要求主动地认识和发展自己。自我意识的显著特征是把原来主要朝向外部的认识活动，转向自己的内心世界，探索自己的内心活动。比如，这时的青年会提出一系列的问题要自己回答："我是一个什么样的人""我要成为一个什么样的人""我的长相如何""我的脾气、性格怎样""我有什么样的特长和才能""我能成就什么样的事业""我在别人心目中的形象如何""我怎样走人生之路"等等。这都是由于个体生理和心理日趋成熟、社会角色逐步确定而促进自我意识发展的具体表现。

青年自我意识发展中的一个突出特征，是自我意识的分化与统一。自我意识的分化，就是自我意识在青年期由一个完整的自我一分为二，成为两个不同的"我"：一个是"理想的我"，即关于自己未来的总观点和总设想，"我希望成为怎样一个人"；另一个是"现实的我"，即当前的形象和实际水平，"我现在是怎样一个人"。或者说，分化成"主体的我"——我是什么，我做什么；"客体的我"——别人怎样看我，对我的态度如何等。这样，一个人就既是自我的观察者，又是被自己观察的对象。处在观察者地位的是"主体的我"，被自己观察的是"客体的我"。这就为青年客观地评价自己和他人，合理调节自身的行为和活动奠定了基础。所以，自我意识的分化是自我意识开始走向成熟的标志。

由于青年不断地进行自我观察、自我分析、自我评价，把"现实的我"与"理想的我"加以比较，而在青年时期"现实的我"往往落后于"理想的我"，二者之间的矛盾和距离，会使他们感到很痛苦，并产生强烈的内心体验，从此进入一个内心动荡不安、情绪体验错综复杂的时期。青年人的情绪波动有很大一部分是自我意识的矛盾带来的。

### （三）自我意识的完善（青年中期至死亡）

如果说前一个阶段是自我意识迅速发展并趋向成熟的阶段，那么，从青年中期开始，个体的自我意识便开始进入完善与提高阶段，这一阶段持续到人生的终结。也就是说自我意识的完善与提高是个体毕生的任务。

大学生处于青年中期，是自我意识完善的关键时期。他们的自我意识发展正经历着一个特别明显的分化—冲突—统一的过程。这时，原本"笼统的我"被打破了，出现了两个"我"，一个是处于观察地位的我，即主体的"我"，另一个是处于被观察地位的"我"，即客体的"我"，出现了"主观我"与"客观我"，"理想我"与"现实我"的分化。这种分化标志着大学生自我意识已开始走向成熟，也是他们自我意识发展的最重要的过程。正是这种分化过程，促进了大学生思维和行为主体性的形成，从而为客观地评价自己或他人、合理地调节自己的言行奠定了基础。

## 四、发现自我意识——乔哈里视窗

乔哈里视窗（Johari Window）是一种关于沟通的技巧和理论，也被称为"自我意识的发现——反馈模型"，中国管理学实务中通常称之为沟通视窗。这个理论最初是由乔瑟夫（Joseph）和哈里（Harry）在20世纪50年代提出的。视窗理论将人际沟通的信息比作一个窗子，它被分为四个区域：开放区域、隐秘区域、盲目区域、未知区域，人的有效沟通就是这四个区域的有机融合。

## （一）开放区域

开放区域是自己知道、别人也知道的信息。例如家庭情况、姓名、部分经历和爱好等。开放区具有相对性，有些事情对于某人来说是公开的信息，而对于另一些人可能是隐秘的事情。在实际工作中的人际交往中，共同的开放区越多，沟通起来也就越便利，越不易产生误会。

一个人的信息不仅自己知道，而且别人也知道，这会给人什么样的感觉呢？善于交往、非常随和。这样的人容易赢得别人的信任，容易和他人进行合作性的沟通。要想使公开区变大，就要多说，多询问别人的意见和反馈。

这从另一个侧面告诉我们，多说、多问不仅是一种沟通技巧，同时也能赢得别人的信任。如果想赢得别人的信任，就要多说，同时要多提问，寻求相互的了解和信任，因为信任是沟通的基础，有了基础，就不难建立信任。

## （二）盲目区域

盲目区域是自己不知道、别人却可能知道的盲点。例如性格上的弱点或者坏的习惯，自己的某些处事方式，别人对自己的一些感受，等等。反思现代社会，为什么那些地位和权势越高的人，越难听到关于自己的真话？就是因为围绕在这些人周围的往往都是一些阿谀奉承的人和话，沟通单向而闭塞，就如几何教授课堂上几何图形的信息传递一样。当事人没有博大、开放的胸怀容纳敢于讲真话的朋友或敢于直言的下属，他的盲目区就越来越大。因此，只有不断地缩小自己的盲目区，才是走向成功的必由之路。

盲区很大的人会是一个什么样的人？是一个不拘小节、夸夸其谈的人。他有很多不足之处，别人看得见，他却看不见。造成盲区太大的原因就是他说得太多，问得太少，他不去询问别人对他的反馈。所以在沟通中，不仅要多说而且要多问，避免盲区过大的情况发生。

### （三）隐藏区域

隐藏区域是自己知道、别人却可能不知道的秘密。例如某些经历、希望、心愿、阴谋、秘密，以及好恶等。一个真诚的人也需要隐藏区，完全没有隐藏区的人是心智不成熟的。但在有效沟通中，适度地打开隐藏区，是增加沟通成功率的一条捷径。一个人的隐藏区很大，那么关于他的信息，别人都不知道，只有他一个人知道。这是一个内心封闭的人或者说是别人眼中很神秘的人。这样的人得到的信任度是很低的。如果与这样的人沟通，那么合作的态度就会少一些。因为他很神秘、很封闭，往往会引起我们的防范心理。

### （四）未知区域

未知区域是自己和别人都不知道的信息。例如某人自己身上隐藏的疾病。未知区是尚待挖掘的黑洞，也许通过某些偶然或必然的机会，得到了别人较为深入的了解，且对自我认识不断深入，人的某些潜能就会得到较好的发挥。

未知区大，就是关于他的信息，他和别人都不知道。这样的人，他不问别人对自己的了解，也不主动向别人介绍自己。封闭使他失去很多机会，他能够得到的可能就从身边悄悄溜走了。

所以每一个人要尽可能缩小自己的未知区，主动地通过别人了解自己，主动地向别人展示自己能够做什么。

# 第二节 大学生自我意识特点及冲突

## 一、大学生关注自我的由来

大学生的生理发展已基本成熟，心理发展非常迅速，处在迅速走向成熟而又未完全成熟的阶段。大学生从高中繁重的学习任务中解脱出来，来到一个陌生的环境，要从心理上接受各种各样的转变，完成从一个学生向一个"半社会人"的过渡，身体的成长和在学校、班级中角色的改变使大学生的独立性、自尊心逐渐增强，越来越多地将注意力投向自我，强烈地关注着自身学识、品格、才能的发展。总体而言，大学生对自我的关注可以归为以下三点：一是身体成熟，开始注意、关心自己的身体、内驱力及内部欲求；二是人际关系的扩大，将自己的内在能力与他人进行比较，从而对自己的素质、天赋等问题进行关心；三是由于认识能力的发展，开始对自己行动的原因、结果以及自己的存在价值和人生意义进行思考。

## 二、大学生自我意识的特点

大学阶段是个体自我意识急剧增长、迅速发展和趋于完善的重要时期，这个阶段学生的自我意识发展表现出与其他阶段不同的特征，是自我意识发展较为特殊的一个阶段。大学生正处于自我意识逐渐完善的阶段，这一时期虽然不及早年发展迅速，但相对来说也是发展较快的一段时期，一般具有以下特点：

### （一）时间上的"延缓偿付期"

大学并非人生必经时期，对大学生而言，思想上的独立与经济上的依赖、生理上的成熟与心理社会性滞后的成熟存在着深刻的矛盾。从年龄上看，大学生到了应该自立、独立承担社会责任的时候，但校园相对单纯的学习生活又使他们应当承担的社会责任从时间上向后延缓。这种社会责任的向后延缓使大学生处于"准成人"状态。这样也为大学生广泛深入细致地思考自我提供了时间的现实可能性。值得重视的是，大学生现实责任感的后移并非减轻他们心理上的压力，特别是对于贫困学生。很多学生在日记中写道："每当自己坐在教室里读书时，常常不自觉地想到白发父母，本应当挑起家庭的重担，为父母分忧解难，却还要花父母的血汗钱，想来觉得非常难过，感到很不忍心。一种负罪感悄悄地袭上心头。"

### （二）空间上的"自主性"

象牙塔为学生提供了一个多元文化背景下的学习环境，特别是网络，更为学生提供无限广阔的平等自由的学习与交流空间。而东西方文化的交融与发展更为大学生自我意识的发展提供了客观条件。但这种影响是双重的：一方面，大学生来自不同的家庭背景、不同的地域文化，有着不同的人生追求，在共同的学习生活中，大家互相影响、互相包容，在这种互动的环境中逐渐形成自己的价值观念，特别是在心灵的沟通与碰撞中建立与尝试新的自我；另一方面，大学生在多种价值体系、多种文化的碰撞中，原来建立的价值体系、自我观念会受到强烈的冲击，这种冲击有时甚至会使大学生怀疑自己。特别是大学新生，从原来的环境进入新的环境中，原有的自我价值体系在重建中需要较高的反思能力与自我控制能力，"我是优秀的"可能被期末考试的"红灯"打击得萎靡不振。这时，调整与反思自我便显得非常重要。

### （三）自我意识发展的"不平衡性"

大学生生理、心理与社会自我的发展并非平稳如河川。大学生的主观自我与他观自我往往表现出不一致性，特别是大学高年级学生，一直处于较高的自我意识水平，但随后到来的职业选择常常使他们长期建立的"高自我意识"与"自我概念"变得摇摇欲坠。一位毕业生说道："长期以来，一直心存优越感，尽管从多种渠道了解到大学生已不再是天之骄子，但在就业市场上的冷遇还是受不了。"高主观自我与他观自我的不平衡，生理、心理与社会自我发展的不平衡都直接影响着大学生自我意识发展的水平。自负与自卑总是紧密相连的，自负表现强烈的人往往也是极度自卑的人。与其他群体相比，大学生体现出较高的自尊与自信，渴望成功，不甘落后，对成功的渴望与预期高，特别是当小小的成就来到身边时，很容易表现出骄傲自大、唯我独尊、自我中心，好像世界尽在手中控制。一旦遭遇失败与挫折，有时甚至是小小的失利如考试失败、恋爱失败等，便开始怀疑自己的能力，进而自我否定、自我怀疑甚至自暴自弃，陷入强烈的自卑之中。这些都与大学生自我认知不良、自我定位不准确有关。

### （四）自我矛盾性突出，但调控能力相对较弱

进入大学后，随着学习、生活方式的改变和心理意识的发展，大学生的自我意识中理想自我和现实自我的分化逐渐明显，且发展迅速，导致矛盾冲突日益严重。这种矛盾分化，使得大学生发生自我意识的改变，经过自我体验和自我调控，而表现出各种激动、焦虑、喜悦与不安情绪。当理想自我占优势时，往往会将"客体我"萎缩到实际能力以下，总认为自己事事不如人，从而产生较强的自卑感，甚至放弃努力，形成自我怜悯或伤感的心理状态。相反，当"现实我"占优势时，往往表现出较强的虚荣心和自我陶醉，特别在乎别人对自己的评价，担心暴露自己的缺点。由于自我意识的分化，"主体我"和"客体我"、"理想我"和"现实我"之间的种种矛盾开始出现，随着自我意识的进一步发展，这种矛盾也越来越突出。在这种矛盾心理的作用下，大

学生对自己的评价也常常是矛盾的，对自己的态度也是波动的，对自己的调控常常是不自觉、优柔寡断的。而现实经验的缺乏、自我发展道路的模糊、周围诱惑的丰富多彩、容易冲动感情用事的处事方式让大学生自我的调控能力显得非常弱。这就会导致过多关注自己，过于看重自己，而对他人、集体、社会考虑较少等。

## 三、大学生自我意识的冲突

大学生在社会中"特殊"的地位与所属的"特殊"的人群结构，使得他们普遍有着较高的自我期望值，即使是高等教育大众化的今天，也依然未能改变这种特点，加之独生子女的特定成长历程与相应的心理特征，使他们对未来常常抱有不切实际的幻想。当他们在认真进行自我观察、自我分析、自我评价时，不情愿地看到理想自我与现实自我之间存在的较大差距，而这种差距又显然不可能在短时间内消除时，开始产生自我意识的矛盾与冲突。

### （一）主观我与客观我的矛盾

作为同龄人中能够接受高等教育的人，大学生对自我有较高的积极评价，但由于他们远离社会，缺乏社会经验，在校园浓郁的学术与文化氛围中成长，对社会缺乏实际与客观的了解与评判。另外，社会上对当今大学生"重理论轻实践、重专业轻基础、重科学轻人文"的评价及"本科生不专，硕士不研，博士不博"的看法，特别是随着高等教育大众化进程的推进、适龄青年接受高等教育机会的增加，社会对大学生的评价更趋客观。大学生回归本位，光环的消失使他们产生失落感。

### （二）理想我与现实我的矛盾

理想我是指个人想要达到的完美的形象，是个人追求的目标，它引导个体实现理想中的个人自我。现实我是个人从自己的立场出发，对现实中自我的各种特征的认识。在现实生活中，理想自我与现实自我总是存在一定差距的，这是正常的，它可以激励大学生奋发图强、积极向上，向着梦中的方向飞奔；但当现实我距离理想我太过遥远时，大学生便会产生各种各样心理不适甚至自暴自弃，变得平庸无为，变得无所事事，变得没有动力，导致一系列心理问题。

### （三）独立与依附的矛盾

大学生正处在人生中第二次飞跃的"心理断乳期"，生理与心理的成熟使他们渴望独立，以独立的个体面对生活、学习与工作中遇到的问题，希望自立自强，成为一个有独立见解、能决定自己命运的人，但由于长期的校园生活使他们的社会阅历与经验相对匮乏，当应激事件出现时，却又盼望亲人、老师、同学能够替自己分忧，无法做到人格上的真正独立。另外，大学生心理上的独立与经济上的不独立也形成了明显的反差。事实上，任何心理成熟的独立的现代人，都需要他人的帮助，广泛的社会支持是个体心理健康不可或缺的。

### （四）渴望交往与心灵闭锁的矛盾

没有哪个时期比青少年时期更加渴望友情与爱情的滋养，更加渴望同辈群体的认同与归属感。一方面，在这个时期，每个人都渴望着爱与友谊，渴望着交往与分享，渴望着自我价值得到实现，渴望着探讨人生的真谛，寻找人生的知己，希望成为群体中受尊敬与欢迎的人；另一方面，大学生的自我表露又受心灵闭锁的影响，总是不经意地将自己的心灵深藏起来，与同学有意无意地保持着一定距离，存在着戒备心理，不能完全敞开心扉交流与沟通思想，感到没有人理解自己，缺乏知音。

### （五）自负与自卑的矛盾

由于大学生自我意识仍处在发展过程中，心理尚未完全成熟，不能对自己有正确的认知，因而出现自信方面的偏差：自卑或自负。两者都不符合心理健康的标准。自负就是过高地评估自己的长处和优点的结果。自卑是一种自我否定，表现为对自己缺乏信心，对自己不满和否定，拥有这种心理的人总以为自己存在着缺乏、不足与失误，因而遇事总会胆怯、心虚、逃避、退缩，缺乏独立主见。自卑的人对别人的评价特别敏感，胆小怕事，把自己封闭起来，这种人由于瞧不起自己，也必然引起别人的轻视，让人瞧不起。

### （六）理智与情感的矛盾

大学生情绪的一个显著特点是容易两极分化，或高或低，波动性大，易冲动，不易控制。但随着身心的发展，认知水平的提高，大学生渐渐成熟，在遇到客观问题时，既想满足自己情感的需求，又想服从于社会及他人的需求。特别是当遇到失恋等人生打击时，尽管理智上能够理解，在感情上却难以接受。

对于大学生而言，如果在主体我与客体我分化的基础上，能够形成新的认知水平并协调统一自我，那么就能建立良好的自我意识，反之则可能出现自我意识的混乱。在大学生中，良好自我意识的确立，意味着正确地认识自己的身份角色与社会地位，并对这种认识有恰当而适宜的态度。自我意识对个体行为具有直接的支配作用。一般而言，持有较适宜的自我概念的人，在做出行为时，也往往恰当适宜，反之则往往与现实不相适应甚至发生冲突。

## 四、大学生自我意识冲突的原因

自我意识作为意识的一部分，是在发展过程中逐步形成和建立的，是主客观因素相互作用的结果。人首先认识外部世界和他人，然后才逐步认识自己。这个过程在人的一生中一直进行着。因此，探讨影响自我意识发展的因素，有利于促进当代大学生自我意识的健康发展。

大学生出现自我意识困扰的心理是多种多样的，产生这种心理的原因也是多种多样的，是生理、学校、家庭、社会和个体倾向性等诸因素相互作用的结果。

### （一）生理因素

人从小时候就有自我意识的萌芽，对于一个发育正常、健康的人来说，别人不会认为有什么特殊，他也不会发现自己与别人有什么不同，也就不会有积极或消极的评价和体验。而对于一个发育异常和有残疾的孩子来说，他会从自己与他人的比较中发现不同。有的学生觉得自己太胖，不愿参加文体活动；有的学生觉得自己长得太丑，不愿与同学交往，这都是生理因素的作用。

大学生一般都处在 18 岁～24 岁的年龄阶段，男生特别重视自己的身高，女生则更加重视自己的相貌。一位大学二年级学生在答卷中写道："在许多场合下，我都不想出头露面，因为我的个子矮，总想避免与高个子的同学在一起。"女生大多希望自己再漂亮一点。一位女生说："我每天都照镜子，我的第一个念头是'我能再漂亮一点就好了'。每当看到我那淡而短的眉和翘起的两颗黄牙，我总感到不是滋味，尤其是对我那漂亮（至少比我漂亮）的同桌，我更有一种难以言状的妒意。"因此，生理因素是形成自我意识的最初因素,这个因素会影响人一生的各个阶段。

案例:个子矮带来的苦恼

某男同学从高中到大学学习成绩一直优秀,各方面都不错。但是在大三下学期发生的一件事让他对自己的未来失去了信心。这件事就是,谈了半年的女友和他分手了。那是个不错的女孩,但她妈妈反对他们交往,主要原因是觉得男生个子矮。此事过后,这位男生特别自卑,不知道该怎么办。另外,已经是大学高年级的他面临就业,可许多职业对身高的要求苛刻,这又让他在就业问题上更加悲观。由于个子太矮给他带来了许多苦恼,他整天胡思乱想,没有心思学习,也不愿与人交往,成绩从前十名跌到了二十几名。

1. 分析与诊断

由于身高问题导致失恋,产生的自我怀疑直接影响了这位男生的学业成绩,甚至影响到将来的职业生涯发展。出现这种问题的关键在于他缺乏正确的自我认识,完全靠反射性评价来建立自我认知,而这种认知是不准确甚至是错误的。大学生产生自卑的原因可能不尽相同,但归根结底是由于对自己的能力和现实缺乏正确的全面认识,以致不能正确地进行自我评价、不能接受自我的结果,这是一种心理上的失调。

2. 调节对策

这位大学生应当认真思考"自我",逐渐建立正确的自我认识,发展积极的自我体验,强化自我控制,做一个真正的自己。自我悦纳是自我意识健康发展的关键所在。

首先,这位男同学要接纳自己、喜欢自己、欣赏自己,体会自我的独特性,要坚信"天生我材必有用",要相信"事物都是一分为二的",在此基础上体验价值感、幸福感、愉快感与满足感。其次,要理智与客观地对待自己的长处与不足,别人虽有长处,但也有短处,要敢于拿"己之长"比"人之短"。这样比,就会比出自信、比出精神、比出干劲,自卑心理自然就会克服。这位男同学虽然身材不完美,但晏子、邓亚萍、拿破仑等有很大成就的人的身高也不尽如人意,所以要客观地看待自己的优缺点。在生活中注重自我,在接受自我的基础上,还要学会接受别人,接受大千世界。"择其善者而从之,其不善者而改之。"不断战胜自己,完善自我。帮助自己建立积极、自信心理的策略是:关注你自己的成功,并将优势积累,每个人身上都有着无数的闪光点,重点在于寻找你自己的闪光点并将其构成亮丽的人生风景线。这样,你就会觉得蓝天是美丽的,阳光是明媚的,空气是新鲜的,生活是美好的,生活在世界上是幸福的。

### （二）学校因素

在高手云集的大学，中学时代学习优秀的优越感被变成"普通学生"的感受所替代，比如在生活方面，中学时父母照顾多，而大学要培养自理能力；在心理适应方面，中学时代的好学生周围充满了赞扬声，优越感强，但到大学，尖子荟萃，自己原有的优势不明显了，有的学生会产生这样的想法："我不是老师和同学眼中拔尖的学生了。""在这个地方，我得不到我原来所得到的特别的关注和爱护了。"有的学生因为种种原因，出现不及格现象，往往把原因归为"我不是学这个专业的材料""我的其他方面搞不好""我缺乏创造性"等。

另外，由于大学生思想的不成熟，总觉得学校严格的管理制度、校规、校纪与他们所追求的个性张扬相矛盾，从而在内心产生激烈的抗拒。很多学生难以接受这种困扰，严重的还可能出现伤害自己或他人的行为。

### （三）社会因素

当代社会发生了巨大的改变，随着市场经济体制的确立，竞争机制的导入，新的社会刺激的冲击，当代大学生的人生观、价值观等发生了重大变化，这直接影响到大学生对自我的认知。在同一社会中，由于每个人所处的社会地位不同，所从事的社会实践不同，具体的社会关系不同，因而对自我的认识、评价也会有所差异。大学生在现实的社会实践中，从我与事的关系认识自我，即从做事的经验中了解自己。任何一种活动都是一种学习，不经一事，不长一智，成败得失，经验的价值也因人而异。

另外，随着科学技术的发展，大众传播手段越来越丰富。随着电视的普及、广播电视节目播放时间的延长、信息高速公路的建设、互联网的普遍应用，大学生不但受到教师、家庭的影响，受到电视、电影等单向传播媒介的影响，而且受到互联网络交流信息的影响。当操纵电脑，接受信息、处理信息和公布信息时，犹如"运筹帷幄"之中，发挥着自己的主动性和创造性，以一种前所未有的方式促进自我意识的发展。

### （四）家庭影响

现代心理学研究表明，家庭环境对人的发展会产生重要的影响。无论是积极还是消极的影响，一个人的早期经验对他的自我意识的形成都有非常重要的意义。每个人来到这个世上，首先接触到的第一个学习场所是家庭，第一任老师是家庭成员尤其是父亲和母亲。他们早期的教养方式、教养态度和家庭的经济地位直接影响了后来孩子的自我意识的发展。

过分溺爱的家庭教养类型地出现，是家长过分保护、过分顺从，使孩子过分依赖，而使自我意识长期处于幼稚水平。另外，社会经济地位高的家庭，子女容易产生优越感，家庭成员社会地位的急剧变化，易使自我意识的发展出现混乱。

### （五）个体倾向性

个体倾向性包括需要、动机、兴趣、理想、信念、世界观和人生观。青少年时期是一个人理想、信念和世界观从形成到成熟的时期。理想、信念和世界观一旦形成，就决定了青少年成为怎样的人。

一个人年轻时候的自我要求将影响一生，例如，雷锋已家喻户晓，在他短暂而又光辉的生命历程中，处处严格要求自己，把自己比作一颗小小的螺丝钉，正确地解决了自己的世界观、人生观等根本问题，用他自己的话说，就是懂得了"怎样做人，为谁活着"。几十年来，雷锋精神一直被人们传诵、学习，已经深深地镌刻在亿万人民的心碑上。所以，一个人要想以后有好的发展，从年轻时就应严于律己，从小事做起，从自我做起。

### （六）他人的影响

俗话说："旁观者清，当局者迷。"他人的评价是客观认识自己的一面镜子，可以帮助自己了解"现实自我"的形象，知道自己在别人心目中所处的地位。学生可以通过竞赛评比、表扬与批评、学习成绩报告单等途径获得他人正式的评价，也可以通过相互交谈等获得别人非正式的评价，这些评价都可能对大学生的自我意识产生影响。

自我成为一个什么样的人，总是离不开社会生活中各种人物，尤其是自己心目中榜样的影响。不同的时代有不同的楷模，通过学校教育或阅读文艺作品，可以了解历史上和现实生活中各种各样的英雄模范人物。于是，在自我意识中便产生了"我要像他们一样"等观念。

应该看到，大学生在自我意识发展过程中出现的这样那样的困扰，是心理发展还不成熟的表现，是由他们的身心发展状况、家庭、学校等种种因素决定的，这些因素既可以促进大学生心理迅速成熟，也可能成为自我健康发展的阻力。因此，只有重视、引导和调适，才能促进大学生心理的发展和成熟，达到自我的统一和发展。

# 第三节　大学生自我意识的培养

## 一、常见的大学生自我意识偏差及调适

### （一）过度以自我为中心

自我中心这个自我意识方面的偏差比较明显。在主观上，当代大学生发展至青年初期，越来越多地把注意力投向自己，考虑问题总是注重自我，而忽视他人或者客观情况，不能客观、全面地分析问题。这种自我中心意识的突出表现就是以个人利益为出发点，以个人喜恶为动机，这样将导致得不到他人的信任、人际关系不和谐、易受挫折等情况。

自我中心调适方法有以下几种：

（1）学会站在他人的角度上思考问题，了解其他人为什么要这样做，以及这样做时他人的感受。

（2）在自我探索的过程中，实事求是、恰如其分地评价自己，既不要自吹自擂，也不要妄自菲薄。

（3）走出自己的小圈子，多参加社会活动，多接触不同的人，了解不同人的需要和生活。

### （二）过于自卑

大学是青年走向社会的过渡和成熟时期，在面临巨大压力和激烈竞争时，大学生通过学习新知识、迎接新挑战，不断地舞出人生辉煌的一面。然而，一部分大学生却不能有效地适应和融入大学环境，反而出现了一系列心理问题，如自卑、焦虑等。自卑不仅影响自己的生活和学习，还严重影响价值观的形成和职业的规划，因此，关注大学生自卑问题已成为一个不可忽视的问题。

自卑调适的方法有以下几种：

（1）勇敢地面对使自己感到自卑的对象，客观地分析哪些是自己通过努力可以达到的，哪些是自己永远都不能改变的。

（2）根据分析，合理地调整自己的期望，确立更加合理的目标。

（3）坦然地面对自己，多看令自己自卑的"缺陷"的积极方面。

（4）学会积极暗示，经常在脑海中呈现理想"我"的状态，将成功的景象视觉化，并多回味成功的经历，将这种成功的体验泛化到其他方面。

## （三）从众

从众指的是在群体的作用下，个体放弃个人意见而采取与群体相一致的自我保护行为。几乎每个人都会不同程度地出现从众心理。没有独立思考，缺乏主见是大学生从众心理过强的表现。这类学生容易丧失自我，有碍心理的健康发展。害怕被孤立，为求得小团体的认同，因此随大流；缺乏自信，不敢自己下判断；习惯了服从教育的惰性人格等都是从众心理产生的原因。

从众心理调适的方法有以下几种：

（1）要避免盲目从众，就要努力学习知识、积累经验、锻炼能力，特别要注意培养独立思考、自主判断、明辨是非的能力。

（2）全面地发展自我，特别是增强自主做出合理的、负责任的选择和行动的能力，这是青少年避免盲目从众的重要途径。

（3）增强抵挡团体不合理压力的能力，学会抵制外部不良的诱惑，这是青少年避免从众的重要措施。

## （四）虚荣

虚荣是一种追求虚假荣誉，以获得自我满足的心理。而虚荣者则指的是没有通过实实在在的努力，而是利用吹牛、作假、撒谎、投机等非正常手段来沽名钓誉的人。追求虚假的荣誉，只是自欺欺人，最终会使个体失去他人的尊重和友谊，失去诚信。

虚荣心理调适的方法有以下几种：

（1）改变认知，认清虚荣与自尊的区别。虚荣心实际上是一种扭曲的自尊心。自尊在谦虚、进取、真实的努力中获得。有自尊的人不掩饰缺点，而是取长补短；不会通过贬低别人来抬高自己；不会不懂装懂，夸夸其谈；也不会把失败和不如意归咎于他人，而是可以通过进行深刻的批评与自我批评来改进自己。

（2）调整需要，不盲目从众。"需要"是生理的和社会的要求在人脑中的反映，是人活动的基本动力。在某些时期或某种条件下，有些需要是合理的，有些需要是不合理的，大学生应该面对现实，实事求是，从自己的实际出发去处理问题，摆脱从众心理的负面效应。要学会知足常乐，多思所得，以实现自我的心理平衡。

（3）端正价值观与人生观。自我价值的实现不能脱离社会现实的需要，必须把对自身价值的认识建立在社会责任感上，正确理解权力、地位、荣誉的内涵和人格自尊的真实意义。对荣誉、地位、得失、面子要持有正确的认识和态度。人生在世要有一定的荣誉与地位，这是心理的需要，但是这种追求必须与个人的社会角色及才能一致。"打肿脸充胖子"，过分追求荣誉，显示自己，只会使自己的人格歪曲。

（4）采用心理训练的方法进行自我纠偏。一方面可以参加自信心理训练，提高自信心，纠正由于自卑而导致的虚荣心。另一方面当即将出现自夸、说谎、忌妒等病态行为或已出现时，可以给自己施以一定的惩罚，如用套在手腕上的皮筋反弹自己，以起到警示与干预作用。

## （五）过分追求完美

"爱美之心，人皆有之"，追求完美是人类健康向上的本能，但过分追求完美则容易引发自我的适应障碍。

1. 主要表现

（1）对自己持有过高的要求，期望自己完美无缺，却不顾自身的实际状况。

（2）不能容忍自己"不完美"的表现，对自己"不完美"的地方过分看重，甚至把人人都会出现的、人人都会遇到的问题都看成是自己"不完美"的表现。

2. 调适方法

过分追求完美的调适方法有以下几种：

（1）树立正确的认知观念。人不可能十全十美，每个人都有优缺点，也都会遇到成功和失败。一个人应该接纳自己并肯定自己的价值，不自以为是，也不妄自菲薄。

（2）建立合理的评价参照系和立足点。通过与不同对象的比较进行自我评价，可以得到不同结论，从而激发或者压抑人的积极性。人应该立足于自己的长处，接受并尽力改进自己的短处。

（3）目标合理恰当。在充分了解自己的基础上对自己有恰当的目标和要求，目标要符合自己的实际能力，不苛求自己，不被他人的要求所左右。

（4）接纳自己的不完美。尺有所短，寸有所长。每个人都是独特的、与众不同的，应该欣赏自己的独特性，不断自我激励。

### （六）过度的自我接受

自我接受是指自己认可自己、肯定自己的价值，对自己的才能和局限、长处和短处都能客观评价、坦然接受，不会过多地抱怨和谴责自己。对自我的接受是心理健康的表现，但过度的自我接受则是心理不健康的表现。

1. 主要表现

（1）拿放大镜看自己的长处，拿显微镜看他人的短处。

（2）人际交往模式是"我好，你不好""我行，你不行"。

2. 调适方法

过度自我接受者的自我调适方法有以下几种：

（1）要看到自己的不足，承认自己需要不断完善。

（2）要看到他人的长处，欣赏他人的独特性。

（3）多与他人交往，以开放的心态尊重和认真对待来自他人的反馈意见。

大学生自我意识发展过程中出现的错误、偏差是心理还不成熟的表现，这是由其身心发展状况和成长背景决定的，因而是普遍的、正常的，但也是必须调整的。只有认识到这一点，大学生才有可能去面对它、正视它、解决它，以达到自我真正的统一。

## 二、健康的自我意识的培养标准

### （一）健康的自我意识的培养标准

1. 自我定位准确

能够有准确的自我认知与评价，不夸大自己的优势与不足，对现状与未来有明确的认识，准确的评价和符合实际的规划，既不好高骛远，也不妄自菲薄。大学生可以通过以下方法进行准确的自我定位：

（1）通过自我反省认识自我。在自省中认识自己眼中的我、别人眼中的我和自己理想中的我。

（2）在他人的评价中认识自我。"以铜为鉴，可以正衣冠；以人为鉴，可以知得失。"个体可以通过他人对自己的态度、期望、评价来进一步认识自己。

（3）在与他人的比较中认识自我。大学生可以通过与同龄伙伴在个性、能力以及与人交往的态度、情感表达方式等方面进行比较，找出自己的特点，确定自己在群体中的地位，进一步认识自己。

（4）通过活动成果的价值来认识自我。有价值的活动成果对个体的自我认识、自我评价与建立自信是一种激励。

2．积极而客观

自我认知与评价积极而客观是健康自我意识形成的重要内容。进入大学后，由于学习、生活方式发生了极大的改变，大学生生活空间拓宽了，人际交流增加，自我评价能力迅速发展，自我体验也受到社会需要和主体意识与客体的相互关系的影响，逐步由矛盾、困惑向平衡过渡。在这个发展过程中，大学生面对的竞争与社会变革时期的压力是多方面的，压力源更是多元的，如果不能进行正确的评价，则会产生消极的自我体验，后果表现也是多方面的，如放弃学业、采用暴力、封闭自我、消极厌世、以偏概全、行为乖张、偏激主观等，引发不同程度的心理障碍，甚至是精神疾病，这在大学里并不鲜见。因此，只有以积极的态度去认识和评价人与事，客观理性地分析现象背后的真正原因，才能体验到愉悦的情绪，产生积极的人生态度和健康的观念。

3．自尊、自信、自立、自强

自尊、自信、自立、自强，这是大学生在新时代特征下必须具备的个性特征。社会文化影响的多维化、社会价值观的多元化，使大学生中贪图享乐，不思进取，妄想一劳永逸，把自己的前途、人生寄托在"放弃"自尊的基础上的事件屡屡发生。有的大学生身上不同程度地存在着自卑心理，或认为自己其貌不扬，担心被人歧视；或认为自己天资愚钝，将来不能成器，对未来缺乏自信；或认为自己出身贫寒，担心被人看不起等。对那些稍加努力就可以完成的任务，也往往自叹无能而轻易放弃。他们身上伴随着一些特殊的情绪体验，如害羞、不安、内疚、忧伤、失望等，并出现自卑、自怨、自馁、自弃等心理现象。自尊是获得良好发展的前提条件，自尊是自信、自立、自强的基础，也是获得良好心理状态的重要条件之一。马斯洛把尊重需要写进了他的需要层次理论中，并把它排在第四位。尊重的需要表现为自尊、尊重他人和获得他人的尊重三方面的需要，其中，自尊是基础，没有自尊，便不可能获得他人尊重，更不懂得尊重他人。因此，自尊是大学生的生长性需要，只有自尊才能自信，只有自信才能不畏艰难，坦然面对困境，健康向上。

4. 自主而善于合作

能够独立地思考与分析问题，有明确的自我意识倾向，有独立的见地，不受他人暗示，善于独立处理自己或周围的问题，有主见，能独立地支配自己的行为，但同时不拒绝与他人的合作。很多大学生片面地把独立性理解为凡事完全靠自己，拒绝帮助，遇到困难和挫折自己默默承受，结果适得其反，往往让自己心力交瘁。这种观点是片面的，更是不健康的。自主与合作是相辅相成的。所谓合作，是指在社会互动中，人与人、群体与群体之间为了某个共同目标而相互配合的一种联合行动。因此，自主不意味着不听正确的意见、一意孤行，更不是一个人"单干"，而是正确对待自己和他人的关系，尤其要正确对待竞争与合作的关系，培养合作精神，树立"竞合"意识。同时，大学生身心要得到全面和谐的发展，不仅要身体健康、心理健康，而且要与人友好相处，能在他人的支持中获得成长。

5. 有良好的"自我同一性"

艾里克森将认同称为"自我同一性"，是青少年自我发展的一个重点。艾里克森认为，自我同一性的确立，对于青少年的健康成长，较好地适应社会和实现自身的价值都具有重要意义。[①] 他认为，这种同一性的感觉也是一种不断增强的自信心，一种在过去的经历中形成的内在持续性和同一感，是一个人心理上的自我。如果这种自我感觉与一个人在他人心目中的感觉相称，这将为一个人的生涯增添绚丽的色彩。目前，我国处在全面深化改革的关键时期，高校的许多制度都面临调整，社会组织的秩序也在变革之中，大学生承受的压力与挑战，比任何时候都更多、更大，以至于自我常出现矛盾与挣扎，甚至是"分裂"，这些压力中最突出的是就业的压力，大学生们常常模糊了"我是谁"和"在别人眼中我是谁"的自我认识，因此，能够尽快地完成自我同一性的建立，对心理健康尤为重要。

6. 能有效地自我控制

不能有效地自我控制就如同汽车没有制动，结果是显而易见的。孔子强调修己和克己。古希腊的柏拉图提出："节制是一种秩序，一种对于快乐和欲望的控制。"[②] 亚里

① （美）H. 林恩·艾里克森（H. Lynn Erickson）. 概念为本的课程与教学 [M]. 兰英译. 北京：中国轻工业出版社，2003.
② 周辅成. 西方伦理学名著选辑（上）[M]. 北京：商务印书馆，1987.

士多德说："人与动物的区别，正在于行为与理智。"① 他们提倡，将"节制"定为古希腊的四德（智、勇、义、节）之一。后世的思想家在发挥和修正这些学说时，也都一致强调理智对个人的约束作用。这些理论虽然有时代的局限性，但是它们强调，人的行为应自觉地受意识和理智控制，反映人类社会生活的客观要求和人类历史发展的归宿。自我控制是自我心理结构中最重要的调节机理，也是心理成熟的最明显标志。大学生常常"心动而不行动"，事实上心动是一件容易的事，而真正行动则需要更多的自我控制能力。有时即使是一件最简单的事，也需要付出坚定的意志努力才能达到目的。因此，自我控制的培养是从小事入手的，而当意志成为一种习惯时，自我控制便转变为"自动化"的"程序"，标志着良好自我控制能力的形成。但凡成功的人都有较好的自我控制能力。当然，并非所有的自我控制都是积极的，也有大学生对自己的要求非常高，自我控制能力强，而在实际中却因为主观或客观原因没有达到，容易对自我产生怀疑与否定。

### （二）大学生健康的自我意识的培养方法

正确的自我意识是人们依据周围环境发展而形成的有关自己的正确认识，以及积极的情感和态度，自我意识作为个性心理的核心内容，对大学生的成长和发展有重要作用。自我意识的培养是一个不断的自我认知、自我评价、自我改造、自我完善的过程。从某种意义上说，一个大学生有什么样的自我意识，他的人格就会向什么方向发展。

1. 正确认识自我

认识自我就是要全面地了解自己，既包括自己的身体、相貌等生理特点，也包括自己的气质、性格、能力、兴趣、爱好、意志、品质等心理方面的特质，还包括自己在群体中的位置、在人际交往环境中的形象，以及自己的职业理想等。一般来讲，自我意识形成和发展是通过认识他人、分析自己活动的结果和自我观察三条途径来实现的。因此，大学生应该逐步学会通过提高元认知水平了解自我，通过社会反映了解自我，通过社会比较了解自我，通过自我效能感了解自我，通过对自我评价的反思了解自我。认识自我是为了客观地评价自我，自我评价是自我认识的核心。大学生如果能够对自己的言行客观地评价，就能够扬长避短、控制自我、接纳自我、发展和完善自我，就能够处理好自己与他人和社会的关系。学习自我评价的途径，简单地说有两个：

---

① （古希腊）亚里士多德. 自我与本我 [M]. 北京：台海出版社，2016.

一是通过与他人、社会的交往，在外部环境中学习。他人和社会都是"镜子"，"镜子"是获得自我观念、了解自我评价的一个媒介，尤其是父母、教师和同学的评价。学生，要用多面镜子，学会观察和分析大多数人的态度，客观地认识自我、评价自我。二是通过自我分析反省，自省评价。大学生的自省评价往往是通过自己的活动和行为结果来评价自我的能力和品质。因此，大学生要积极参与社会交往和社会实践活动，在活动中发现和展示自己的能力和才华，从不同领域、不同层次、不同角度寻找认识自我、评价自我的机会，从而能够较全面地进行自我评价。

2. 积极悦纳自我

大学生悦纳自我的前提是接受自我。所谓接受自我就是要面对现实，接受现实自我，包括自己的相貌、身高、家庭背景和就读的高等院校等。悦纳自我就是在接受自我的基础上喜欢自己，相信"天生我材必有用"，相信只要勤奋努力、为人正直，生活一定充满愉快感、满足感和成就感。学会悦纳自我可以从以下几方面着手：

（1）创造机会获得成功体验。自信源于一点一滴的成功体验。成功的体验可以消除自卑、树立自尊，可以使人奋发向上。成功的喜悦将成为个人强大的内在动力，推动个人去争取更大的成功。大学校园生活丰富多彩，每个大学生都有自己的长处和不足，必须在各项活动中发展自我。要使自尊心较弱的学生树立自信心，成功的体验是至关重要的。因此，大学生在参加活动前，要注意有所选择，不要盲目参加，以避免给自己带来不必要的失败体验、烦恼和痛苦，要有意识地选择适合自己、有兴趣、有专长的项目参加，扬长避短，以自己的优势来证明自己的能力，享受成功的体验。

（2）及时调整自己的期望值。自我期望是指个人在进行某项实际工作之前估计所能取得的成绩目标，通俗的说法是"抱负"。自我期望值是自我成功感和自我失败感的个人标准。自我期望值与实际成就之间的差距产生成功和失败两种情绪体验。自我期望值小于实际成就能体验成功的喜悦，自我期望值大于实际成就会体验失败的痛苦。大学生充满幻想，为自己的未来规划美好的蓝图，其中一些人对自己的期望过高，以至于脱离现实。大学生既不要过分追求完美，也不能期望太低，只有学会调整控制自己的期望值，建立适度及合理的目标，包括长期目标和短期目标，把自我期望和自己的实际情况紧密结合起来，才能符合现状、适应社会和发展自己，最终实现自己的理想。

（3）积极、理智、乐观地对待自己。理智、冷静地对待自我是要求大学生用全面、发展的眼光来分析自我，平静而又理智地看待自己的长处和短处，辩证地看待生活中的矛盾，冷静地对待自己的得与失。既不以虚幻的自我补偿内心空虚，也不以消极回避的态度漠视现实，更不以无休止的怨恨、自责以至厌恶来否定自我、畏缩不前。做到胜不骄、败不馁、荣辱皆忘。积极的心态要求大学生树立远大的理想和志向，培养开朗的性格和乐观的生活态度，在困难面前不低头，对未来充满美好的憧憬。知晓道路是曲折的，相信前途是光明的。另外，在消极不利的情况下，不妨进行积极的自我暗示，会起到遏制愤怒、平静心情的作用。

3. 有效控制自我

（1）建立科学、正确的理想自我观。大学生一般都富有幻想，希望自己成为生活的强者，干出一番事业。不少学生将理想自我设计得很完美，对于理想中的自我要求很高，甚至过于苛刻。理想与现实总是存在差距的，这种落差太大往往使学生在理想与现实的矛盾中走向失望和消沉。因此，设计理想自我的时候要面对现实，以现实为基础，不要把目标定得太高，最多是"跳起来摘果子"。要把长远目标分成一个个具体的、远近高低各异的短期目标和子目标，每一个子目标都要合理，可以经过努力达到，从而增强自信心。总之，建立科学、正确的理想自我，不可为虚荣心所诱惑，做力所能及的事情，不要单纯从自己的愿望出发，要从自己面临的实际出发，再根据当时的社会环境条件，把理想和现实结合起来，进行自我设计、规划未来。

（2）参加实践活动锻炼自我、展示自我。在社会实践活动中，个人通过自我判断、自我选择、自我提升获得对人生和世界的正确看法。因为自我评价、自我激励和自我教育需要一个实践过程。因此，大学生要多参加社会实践活动，参加勤工助学、志愿服务、社会调查、参观考察、教学实习等各种形式的社会实践活动，逐步提高自我认识能力和自我教育能力。目前，不少学生在父母和老师的精心呵护下长大，生活在蜜罐里，习惯于我行我素、为所欲为，缺乏自我控制和调节的能力，缺少应对困难和挫折的锻炼和考验。表现在学习上，即使学习目标明确，学习计划科学，但缺乏坚忍的意志和坚强的品格，计划还是不能完成。对大学生来说，在社会实践中吃苦锻炼意志品质尤其重要。自我展示是指个人善于把自己的思想与他人交流，并同他人一道投入集体活动中，展示自己的才华，并得到集体认同的过程。大学生的潜能很大，只有通过各种社会实践活动，才能发掘自己的潜能，开发自我、展示自我、激励自我、超越自我。总之，大学生应在积极参加社会实践活动的过程中，脚踏实地，从点滴做起，培养顽强的意志和坚强的品格，发挥自己的聪明才智，从而实现自己的远大理想，为社会做出自己的贡献。

（3）不断超越自我。认识自我，接纳自我，都是为了塑造自我和超越自我。对于大学生而言，超越自我更是终身努力的目标。在行动上，无论对人对事，均应全力以赴，最大限度地发挥自己的能力品行。超越是一种境界，更是一个过程，一个"新我、独特的我、最好的我"的形成过程，这个过程不是一帆风顺的，需要付出艰辛的努力和沉重的代价。大学生成为自我的过程既是自我不断更新，走向完善自我的过程，也是从个体"小我"不断走向社会"大我"的过程；既是注重自我又不固守自我，也是根据社会要求不断改造自我的过程；既注重自我价值的实现，又要鼓励和帮助他人实现自我价值，还要与众人共同实现社会价值。总之，超越是一种过程，更是一种境界。只有坚持正确的方向，本着科学的态度，积极投身于社会实践，在实践中学会学习、创造和反思，才能辩证地看待社会，分析自我，把握自我，全面认识自我，不断超越自我，逐步走向成熟和完善的自我。

走向成功和卓越的自我——"在这个世界上，你是独一无二的一个，生下来你是什么，这是上帝给你的礼物，你将成为什么，这是你给上帝的礼物。上帝给你的礼物我们无法选择，但你给上帝的礼物，将由你个人去创造，主动权在你自己，那就是：认识自我，悦纳自我，激励自我，控制自我，完善自我，超越自我。"①

人生懂得悦纳自己很重要。现实生活中，与自己过不去，过度自责，自怨自艾，自我厌恶的人很多，自我厌恶是个体在情感上讨厌自我并长期与自己过不去的结果。他们厌恶自己身体的某些特征，责备自己的身矮体胖、白发黑斑，与色盲、口吃等身体缺陷过不去，甚至将它们视为自己不幸的根源。另外，他们厌恶自己的心理特点和个性，埋怨自己笨、能力差和性格不好。还有，他们也厌恶自己的行为结果，对学习成绩不满意，对人际关系感到厌烦，甚至对自己所做的一切都深恶痛绝。自我厌恶的人处事谨慎，时时警惕自己的行为是否出格。一旦行为失检，总有大难临头的感觉。即使没有什么严重后果，也依旧无法摆脱这种困扰。

他们心地善良，洁身自好，平时习惯与世无争，处事以忍让为上，一味退缩，以求息事宁人。他们爱用反常性方法保护自己，越是怕出错，就越是将眼睛盯在过错上。说了一句话往往会后悔大半天。别人并不介意的事情，也经常极度敏感。他们总是不

---

① 刘春瑞，桑思奋主编. 中外幽默集粹 [M]. 北京：中国旅游出版社，1991.

能容忍自己的缺点和不足，将自己的缺点扩大，始终无法接受。

要走出自我厌恶的泥沼，关键是要悦纳自我。了解自我是悦纳自我的基础，要全面客观地了解自我，平心静气地对待自己的得失。

悦纳自我的人能平心静气地对待自己的得失，他们善于处理完善自我与悦纳自我的关系。事实上，任何人都是一个既有优点又有缺点的人，某些缺点恰巧是与另一些优点同时存在的，它们之间有着天然的联系。个人的缺点实际有两种，一种是个人有可能通过自身的努力来改变的，比如学习成绩不理想等。另一种是难以通过自身的努力去改变的，比如容貌、身材等。不能因为自己有这样的缺点就自卑自怜，更不能与这样的缺点过不去而一味地自我折磨。

要悦纳自己，就要充分地爱自己。是的，我不完美，也不伟大；我很渺小，也很平凡；我有很多不足，也有很多毛病。但是，这并不等于我这个人没有价值，没有作用；这世上我是唯一，没有和我一样的人，这个世界因为有了千千万万不一样的人而显得丰富多彩；我也有很多优点，做了很多有意义的事情。我身上不好的那一部分，也是我的一部分，我不可能完全改变它们，也不可能完全剔除它们；正是由于它们的存在，给了我向上的动力，它们是我的老师和朋友，我应该善待它们、感谢它们；正是由于它们的存在，我的个性才如此丰富多彩，我这个人才显得可爱，我应该与它们和谐相处，应该爱它们才是呀！

特别重要的是，一个人需要自爱，如果连自己都不爱，怎么能指望别人来爱你？作为个体，不但需要被人爱，还要去爱别人，更重要的是爱自己。因为自爱的人知道什么是自己最想要的，只有学会爱自己，才能走向自信，才能更接近梦想。我们一定要真心地喜欢自己。喜欢自己，并不是盲目自恋，而是能够认识到自己的缺点，坦然地接受自己的一切，不管是优点还是缺点。真心喜欢自己的人懂得快乐的秘密不在于获得更多，而是珍惜所拥有的一切。这才会觉得自己是那样幸福地生活在这个世界上。这是一份开放的心境，更是快乐的始点。具有这样的心境的人，对生活、环境、周围的人，会自然流露喜悦之情，感动自己、影响他人。

没有哪个人是完美的，但是每个人都可以是美好的，每个人都有自己美好的特点。一个长相平凡、身材普通的人，即使没有一眼看上去动人心魄的性感，也可能会有善良的心地、温柔的性情、聪慧的心智、磁性的声音。生活中我们常常能够遇到这样的人。其实，视觉上的美丽熟悉之后会变得平淡，感受上的美好却会日益长久。自爱的人是最美的，因为自爱是一面无形的镜子，可以审视自己、看清自己。学会接纳自己，接纳自己的缺陷，真诚地喜欢自己，喜欢自己的不完美，喜欢自己的个性。我们会发现自己不仅拥有更有喜悦感的生活和人生，还会获得更多的魅力。

生命的本性是快乐的，如同绽放的鲜花、激荡的歌曲、迷人的芳香。我们应该善于发现生命的意义，走进自己的内心。有一句格言："你不爱自己，又怎么爱别人呢？"爱自己，我们才能真正接纳自己和别人；爱自己，我们才能真正地爱别人，我们才有能力爱别人。爱是一座富矿，如果自己没有储存足够的矿藏和能量，怎能给予对方财富和能量？爱是一条长河，如果爱的源头是干涸的，怎能有清水去滋润别人？爱自己，我们才能真正地像小草那样充满自信地活着，像无名的野花那样灿烂地笑着，像奔流不息的江河那样欢快地流淌着。当我们坦然爱自己的时候，我们就是在拥抱自己，拥抱整个世界。

人格是伴随着人的一生不断成长的心理品质，是一个人的心理活动与行为表现的复杂统一体，具有相对的稳定性。它是一个人的心理活动及行为方式的习惯模式，人们在学习、工作、生活中，总是自觉或不自觉地受到人格的影响和制约。如果一个人形成了良好的人格，则工作、学习效率高，心理健康，人生幸福。如果一个人形成了不良的人格，则工作、学习效率低，心理不健康，人生不幸福。因此，从某种程度上讲，一个人的人格或个性决定着他的命运。

# 第四章　人格与大学生心理健康

本章通过探讨人格的基本概念、特点，大学生人格特征、人格缺陷、人格障碍等知识，让学生了解影响人格发展的因素，掌握人格缺陷矫正及培养健康人格的方法。

## 第一节　人格概述

### 一、人格的概念

最早的人格概念，源于古希腊语的面具（persona）一词，是指舞台上演员的面具，不同的面具体现了不同角色的特点和人物性格。如同我国京剧中的脸谱：红脸代表忠义，白脸代表奸诈，黑脸代表刚强。心理学沿用面具的含义，转意为人格。其中包含了两个意思：一是指一个人在人生舞台上所表现出来的种种言行，即人遵从社会文化习俗的要求而做出的反应。人格所具有的外壳，就像舞台上根据角色要求所戴的面具，表现出一个人外在的人格品质。二是指一个人由于某种原因不愿展现的人格成分，即面具后的真实自我，这是人格的内在特征。

心理学家各抒己见，提出了上百种的人格定义。例如，艾森克认为，人格是个体由遗传和环境决定的实际的和潜在的行为模式的总和[①]；卡特尔认为，人格是一种倾向，可借以预测一个人在特定情境中的所作所为，是与个体的外显和内隐行为联系在一起的[②]；拉扎鲁斯认为，人格是基本和稳定的心理结构和过程，它们组织着人的经验，形成人的行为和对环境的反应[③]。

---

① M·W·艾森克，M·T·基恩. 认知心理学 第 5 版 [M]. 高定国，何凌南等译. 上海：华东师范大学出版社，2009.
② （美）卡特尔. 怀疑的文化 [M]. 北京：中国青年出版社，2012. 10.
③ 董妍. 拉扎鲁斯心理健康思想解析 [M]. 杭州：浙江教育出版社，2013.

一般认为，人格是一种心理现象，也称个性，它反映了一个人总的心理面貌，是相对稳定、具有独特倾向性的心理特征的总和，是在长期的社会生活实践中形成、发展起来的。人格包括气质、性格、能力、兴趣、爱好、需要、理想、信念等方面内容，人与人之间显著的差别就在于人格。

## 二、人格的特征

### （一）人格的独特性

每个人的人格都是独特的，这种独特性不仅表现在某些个别的心理和行为特征上，更主要的是表现在整个模式上，从而将人与人相互区别。没有完全一样的人格特点，如"固执"在不同的环境下有特定的含义，在不同人身上也有不同的含义。在娇生惯养、过度溺爱的环境中，"固执"带有"任性骄纵"的意思；在冷淡疏离、艰难困苦的环境中，"固执"又带有"坚韧"的意思。当然并不能否认人与人之间在某些心理或行为特征上具有共同性，如中华民族是一个勤劳的民族，这里的"勤劳"品质，就是共同的人格特质。

### （二）人格的稳定性

这是指一个人的人格及其特征在时间上具有前后一贯性，在空间上具有一定的普遍性。例如，某个人性情比较急躁，他昨天是这样，今天是这样，明天可能还是这样。同样，这个人在学习上比较急躁，工作中也是这样，甚至在日常生活和人际交往中也会表现出急躁。但是要注意的是，人格的相对稳定性并不意味着人格的一成不变，在一个人的一生当中，人格具有可塑性和可变性。

### （三）人格的功能性

人格是一个人生活成败、喜怒哀乐的根源。正如人们常说的："性格决定命运。"人格决定了一个人的生活方式，有时甚至会决定一个人的命运。人们常常使用人格特征解释某人的言行及事件的原因。面对挫折与失败，有志者认真总结经验教训，在失败的废墟上重建人生的辉煌；而怯懦的人一蹶不振，失去了奋斗的目标。当人格功能发挥正常时，表现为健康而有力，支配着人的生活与成败；当人格功能失调时，就会表现出懦弱、无力、失控甚至变态。

### （四）人格的统合性

人格是由内在的心理特征与外部行为方式构成的有机整体，具有内在一致性，即一个人的所思所想所为是一致的。人格的统合性是心理健康的重要指标，当一个人的人格结构各方面和谐一致时，他的人格就是健康的。否则会出现适应困难，甚至出现人格分裂。

### （五）人格的自然性和社会性的统一

人格是在先天的生物遗传基础上，通过与后天环境相互作用形成的。人格具有生物性，同时具有社会性，是二者的统一体。生物遗传是人格形成和发展的重要基础，但不是决定人格的唯一因素。离开了后天的社会环境教育，遗传素质不可能自发地演化为人格。同样，后天社会环境与教育对一个人的人格形成也起着十分重要的作用，但离开了遗传素质的基础，它的作用也无法表现出来。二者相互制约、相互作用，共同影响着人格的形成与发展。

## 三、人格结构

人格结构即人格的组成部分。人格心理学家用以解释个体差异的假设性概念。通常认为，人格由能力、气质、性格、情感、意志、认知、需要、动机、态度、价值观、行为习惯等组成。多数心理学家认为，人在心理特征和行为倾向上存在稳定的个体差异。但解释这种个体差异的人格结构观并不一致。有的用特质或类型来解释，有的用自我或需要来解释，也有的（如斯金纳）则完全拒绝人格结构（如特质、类型、自我、需要等）的概念，认为人格是由一些反应组合而成的行为模式。人格理论家对人格结构的性质、构成要素及其组织方式、某些要素是否控制其他要素等问题的见解不一。

## 四、人格与气质

人格包括个人的人格心理特征和人格倾向性两个相互联系的方面。人格心理特征包括能力、气质、性格。这些心理特征在心理活动过程中的表现是比较稳定的，受先天遗传因素的影响。

人格倾向性包括需要、动机、兴趣、价值观、思想等，主要是在后天社会化过程中形成的，集中反映了人性独特的一面。可见，人格是由不同成分构成的一个结构系统，不同成分从不同侧面反映个体的差异。气质与性格是人格的重要方面。

## （一）气质的定义

从心理学上讲，气质是一个人与生俱来的，是人的心理活动典型而稳定的动力特征，是高级神经活动类型在后天行为或活动中的表现，是一个人心理活动发生的速度、强度、稳定性、灵活性和指向性等动力方面特点的综合。在日常生活中，有的人活泼好动，反应灵活；有的人安静稳重，反应缓慢；有的人总是显得十分急躁，情绪明显表露于外；有的人则总是不动声色，情绪体验细腻深刻。人与人在这些心理特征方面的差异正是个体所具有的气质不同的缘故。

## （二）气质的类型

根据气质在人身上的表现所划分的类型叫气质类型。有关气质类型的理论很多，如体液说、阴阳五行说、血型说、体型说、激素说、高级神经活动类型说等。这些学说多数是片面的，缺乏科学的根据。这里仅就最具有影响的两种学说加以介绍。

### 1. 体液说

公元前 5 世纪，被人称为西方医学鼻祖的希波克拉底在古希腊时代就提出了四种体液学说。他认为，人体内有四种液体，它们分别是黏液、黄胆汁、黑胆汁和血液。黏液生于脑，黄胆汁生于肝，黑胆汁生于胃，血液生于心脏。这四种液体"形成了人的气质"。以后，罗马医生盖伦对气质进行了分类，并认为每种气质类型的特点的表现是由于四种液体中的某种液体在体内占的优势决定的。血液优势者为多血质，黏液优势者为黏液质，黑胆汁优势者为抑郁质，黄胆汁优势者为胆汁质。以今天的观点来看，依据体液的情况划分人的气质类型实在缺乏足够的科学根据。尽管如此，那时命名的气质类型的名称却一直沿用至今，所不同的只是对气质类型形成的原因做出了不同的解释。

### 2. 高级神经活动类型学说

20 世纪初，巴甫洛夫创立了高级神经活动学说。他认为，高级神经活动类型是气质的生理基础。神经系统的活动是由兴奋和抑制两个过程组成的，在这两个过程中，不同的人会在强度、平衡性和灵活性方面表现出不同的特点，这三方面特点的不同组合就构成了不同的高级神经活动类型。

（1）强、不平衡型。这种类型的特点是兴奋过程强于抑制过程，是一种易兴奋、奔放不羁的类型，也称为"不可遏制型"。

（2）强、平衡、灵活型。这种类型的特点是反应灵敏、好动活泼，能较快适应迅速变化的外界环境，也可称为"活泼型"。

（3）强、平衡、不灵活型。这种类型的特点是较容易形成条件反射，但不容易改造，是一种坚毅而行动迟缓的类型，也称为"安静型"。

（4）弱型。这种类型的特点是兴奋和抑制过程都很弱，表现得胆小怕事，在艰难工作任务面前，正常的高级神经活动易受破坏而产生神经症，也称为"抑制型"。

巴甫洛夫认为，上述四种类型是动物与人共有的，因此，称为一般类型。神经类型的一般类型即为气质的生理基础。

### （三）气质类型的典型外在表现

1. 多血质

特征：善交际的、健谈的、开朗的、少忧虑的、善领导；热衷于感兴趣的事业，他们热情，有能力，适应性强，但注意力易转移，情绪易变；他们富于幻想，敏感、活泼好动，巴甫洛夫把多血质类型的代表称为热忱和具有显著活动效率的活动家。

2. 胆汁质

特征：主动的、乐观的、冲动的、易变的、易兴奋的、好斗的；他们性情直率，精力旺盛，待人热情，容易激动，能以很大的热情投入工作，并克服困难，但缺乏耐心。当困难较大时，会意气消沉、心灰意冷，心理活动具有迅速而爆发的特点。

3. 黏液质

特征：被动的、谨慎的、思维活跃的、安宁的、温和的、克制的、可靠的、镇定的。他们做事踏实认真，有持久力，不喜欢空泛的清谈，交际适度，不卑不亢，但反应缓慢，思维言语动作迟缓，可塑性差，不够灵活。很适宜从事有条理和持久的工作。巴甫洛夫称之为安详的、始终平稳的、坚定和顽强的实际劳动者。

4. 抑郁质

特征：文静的、严肃的、冷静的、保守的、不善交际的、情绪易波动的、富于想象的。他们怯懦、多愁善感，处事犹豫不决，优柔寡断；反应缓慢，但细心、谨慎、感受力强，生活中遇到波折易产生沉重的感情，善于觉察别人行动中的细微变化，情感细腻，富有自我体验。

丹麦画家皮特斯特鲁的漫画"被坐扁的帽子"形象地表现出四种典型气质类型的差别。当帽子被陌生人坐扁，胆汁质的人不分青红皂白，勃然大怒；黏液质的人息事宁人，将扁帽子戴在头上；抑郁质的人对着扁帽子伤心垂泪；多血质的人擅长交际，扁帽子也使他们交到朋友。

## 五、人格与性格

### （一）性格的含义

性格是一个人对现实的态度和习惯化的行为方式所表现的较稳定的心理特征，是人的个性心理特征的重要方面，人的个性差异首先表现在性格上。一个人能否在人际交往中做到"游刃有余""得心应手"，与他的性格有很大关系。当代大学生只有全面地了解自己与他人的性格，并在交往实践中不断优化自己的性格，才能更好地处理自己与他人的人际关系。

### （二）性格类型

性格分类的方法很多，而且可以从不同的角度来反映性格的某一侧面。一般的划分方法有以下几种：

（1）按照理智、意志、情绪中占优势的性格特征可划分为理智型和情绪型。

（2）按照个体心理倾向可划分为外倾型和内倾型。

（3）按照个体独立程度，划分为独立型和顺从型。

（4）按照人的行为方式，划分为 A 型性格、B 型性格和 C 型性格。

A、B、C 型性格简介：

1. 起源

有一次，美国心脏病学家弗雷德曼和罗森曼请家具商到自己医院修理破损的家具。家具商修理家具时问两位医生："你们的病人是否都有心急病？"弗雷德曼和罗森曼感到很惊奇，就问："为什么呢？"家具商告诉他们："我看你们的椅子、沙发等家具的扶手都坏了，一定是病人们心急用手抓坏的。"[①] 这件事引起了弗雷德曼和罗森曼对这一问题的关注，因此他们对此进行了进一步研究，并依此研究结果提出了 A 型与 B 型性格理论。这一理论很快在世界各国传播开来，成为人们诊断心脏病，甚至癌症等疾

① 李鄂，李元坤，宁天放. 多彩的情绪 员工情绪管理 [M]. 北京：北京理工大学出版社，2013.

病的重要性格理论之一。其中对 A 型性格的研究最为有意思。

2. 性格特征表现

A 型性格：脾气比较火爆、有闯劲，遇事容易急躁，不善克制，喜欢竞争，好斗，富有竞争性，好胜心强；思维敏捷，爱显示自己的才华；对人常存戒心，有变动不定的敌意；有过高抱负和雄心壮志，过重的工作要求，对工作成就不满足；常有时间紧迫感与匆忙感；习惯做艰苦紧张的工作；难以松弛，不耐烦；进行多种思维和动作，言语节奏快；运动、走路和吃饭的节奏很快，总是试图做两件以上的事情；他们着迷于数字，认为成功是以每件事情中自己获益多少来衡量的。

B 型性格：与 A 型性格相对应的性格。他们从来不曾有时间上的紧迫感以及其他类似的不适感；认为没有必要表现或讨论自己的成就和业绩，除非环境要求如此，因此总是比较低调；他们会充分享受娱乐和休闲时光，而不是不惜一切代价表现自己的最佳业绩水平；他们不会因为充分放松而感到愧疚。

对比 A、B 两种不同性格，在组织中 A 型人和 B 型人，谁更容易成功呢？尽管 A 型人的工作十分勤奋，但 B 型人常常占据组织中的高层位置。最优秀的推销员经常是 A 型人，但高层管理人员往往是 B 型人。为什么？答案在于 A 型人倾向于放弃对质量的追求而仅仅追求数量，然而在组织中晋升常常授予那些睿智而非匆忙、机敏而非敌意、有创造性而非仅有好胜心的人。

C 型性格：后来，国际上有一些研究癌症与性格关系的科学家，把易患癌症的性格归为 C 型性格（与 A 型性格和 B 型性格相对应），被称为"癌症性格"。这类人内心冲突大，情绪压抑，抑制烦恼，委曲求全，逆来顺受，但内心却又极不服气。这类人常常给人以不急不躁的印象，日常生活和工作中能与人保持表面和谐，但是其内心却悲观失望，矛盾而痛苦。如果这种矛盾情绪经常出现，就可能破坏人体免疫功能，导致癌症的发生。

### （三）性格类型的心理特征

1. 理智型、情绪型

理智型性格是指人的性格中理智特征特别鲜明，以理智支配和控制自己的行动，使自己的行为具有明显的理智导向，自制力强，处事冷静，但容易畏首畏尾，缺少应有的冲劲。如果理智型被不健康的意识控制，就可能表现为虚伪、自私、见风使舵、冷漠等。

情绪型性格的人通常用情绪来评估一切，举止言行易受情绪左右。这种人待人热情，做事大胆，情绪反应敏感，但情绪容易起伏，不能三思而后行，注意力不够稳定，兴趣易转移。

2. 外倾型、内倾型

外向型的人心理活动倾向于外部，活泼开朗，活动能力强，善交际，感情易外露，关心外部事物，不拘小节，独立性强，能适应环境，但易轻信，自制力和坚持性不足，有时表现出粗心、不谨慎、情感动荡多变等。

内向型的人心理活动倾向于内部，处事谨慎，深思熟虑，感情较内蕴，含蓄，处世谨慎，自制力较强，善于忍耐克制，富有想象力，情绪体验深刻，但不善社交，应变能力较弱，反应缓慢，易优柔寡断，表现为有些沉郁、孤僻、拘谨、胆怯等。

3. 独立型、顺从型

独立型的人意志较坚强，不仅善于独立地发现问题、解决问题，而且敢于坚持自己正确的意见，不易受外来事物的干扰，自主自立、自强不息。但是独立性过强的人，喜欢把自己的思想和意志强加于人，固执己见，独来独往，不易合群。

顺从型的人服从性好，易受环境的干扰，易与人合作，随和、谦恭，但独立性差，依赖性强，易受暗示，在紧急情况下易惊慌失措。

4. A 型性格、B 型性格和 C 型性格

A 型性格指性格外向，不可抑制，主动、紧张、快节奏、敏感的性格，主要特征表现为个性强、过高的抱负、固执、急躁、紧张、好冲动、行为匆忙、好胜心强、时间观念强等。

B 型性格指情绪心理倾向较稳定，社会适应性强，为人处世比较温和生活有节奏，干事讲究方式，表现为想得开、放得下，与他人关系协调，能正视现实，不气馁，不妄求，抱负较少等。

C 型性格指情绪受压抑的忧郁性格，表现为害怕竞争，逆来顺受，有气往肚子里咽，爱生闷气等。

一般说来，典型性格类型的人并不多见，多数人处于两极之间，或偏向某一类型。事实上，任何人都有一些好的性格特征，也有一些不好的性格特征，所以每个人都应以积极的态度对待自己的性格，并进行优化、改造。

# 第二节　大学生人格缺陷及人格障碍

## 一、人格缺陷的含义

人格缺陷是相对人格障碍而言的，人格障碍是一种病态，而人格缺陷在正常人身上均有所体现，因此，人格缺陷不是人格障碍。人格缺陷是人格的某些特征相对于正常而言的一种边缘状态或亚健康状态，可与酗酒、赌博、嫖娼、吸毒等恶习相关或互为因果。人格缺陷是介于人格健全与人格障碍之间的一种人格状态，也可以说是一种人格发展的不良倾向，或是说某种轻度的人格障碍。常见的人格缺陷有自卑、抑郁、怯懦、孤僻、冷漠、悲观、依赖、敏感、自负、自我、多疑、焦虑或对人敌视、暴躁冲动、有破坏欲等，这些都是不良的心理因素。它们不仅影响活动效率，妨碍正常的人际关系，而且会给人格蒙上一层消极、阴暗的色彩。

## 二、大学生人格缺陷

### （一）大学生人格缺陷的影响

一般来说，大学生中典型的人格障碍者是极少数的，普遍存在的问题是人格缺陷，如自卑、抑郁、怯懦、孤僻、悲观、依赖、敏感、多疑、焦虑、敌对冷漠、暴躁冲动、有破坏欲等。大学生人格缺陷对大学生的身心健康、活动效率、潜能开发及社会适应状况都会带来消极影响。医学研究表明，许多生理疾病都有相应的人格特征模式，这种人格特征在疾病的发生、发展过程中起到了生成、促进、催化的作用。而冷漠、焦虑、依赖、自卑、孤僻、忌妒等人格发展缺陷不仅会妨碍大学生学习活动的顺利进行，影响其活动效率和学习潜能的充分发挥，而且对良好人际关系的建立和社会适应能力都具有消极影响。

### （二）大学生人格缺陷的成因

1. 生理因素

人的高级神经系统类型决定了人的气质类型，各种气质类型的人在人格上会有特定的倾向性。如抑郁质的人易形成抑郁、自卑、孤僻、固执、多疑等人格缺陷；胆汁质的人容易形成冲动、狂躁、攻击性等人格缺陷。大学生处于青春发育后期，由于缺乏科学系统的健康教育，青春期带来的生理变化常引起他们躁动不安，会引发恐惧、抑郁、焦虑、冲动等人格发展缺陷，有些大学生由于不了解正常生理发育规律，还会对发生在自己身上的一些"异常"行为（如性梦、手淫、单相思等）进行自我斥责、自我怨恨、自我鄙视，以至于整日郁闷或惶恐不安。

2. 心理因素

从大学生心理方面来看，他们在认识、能力、意志、情感、性格、气质等方面的缺陷都会促成人格发展缺陷。例如，大学生担忧自己的前途或缺乏理想追求，或对人格发展缺陷的危害性认识不足，就会使他们形成某些人格发展缺陷；而有的大学生由于缺乏自理能力或人际交往能力，或学习成绩不佳，或因个人的容貌不佳、生理缺陷、家庭贫困等而又不能正视和接受自我，也会使他们形成某些人格发展缺陷。一旦大学生形成错误的人生观、世界观，或出现悲观厌世或疾恶如仇等情绪，就会放弃个人的道德修养，更易形成人格发展缺陷。

3. 社会因素

大学生所处的社会环境是导致他们形成人格发展缺陷的重要因素。从家庭环境来看，父母不和、缺乏父母关爱、家长期望值过高、家长的教育方式不科学、父母自身的人格不良倾向等都是孩子形成人格发展缺陷的因素；从学校环境来看，教师的期望值过高，学生的学习负担过重，班风、校风不正，人际关系不和谐以及教师的人格缺陷等都是大学生形成人格缺陷的重要因素；从社会环境来看，社会上存在的各种不合理竞争、腐败现象以及媒体不良影响等都是大学生形成人格缺陷的重要因素。

### （三）大学生人格缺陷表现及调节

1. 悲观

有的大学生一遇到不如意、失败的情况就垂头丧气、怨天尤人；还有的大学生面对重任、挑战便自认无能，甘愿失败；还有的对前途失去信心等，这些都是悲观心理的表现。

有些大学生常从消极的角度去看问题，总把眼睛盯在伤心的地方，从悲观的视角看待挫折，在已有的失败感中又增添新的失败感，在自己的伤口上又撒了一把盐。这种悲观心理的发展，会使人浑浑噩噩，毫无生气，甚至轻生厌世。引起悲观心理的原因既有人生态度、意志品质的原因，也有认知错误、人格不成熟的因素。悲观心理是一种严重的不健康心理，对人身心危害很大。

怎样才能改变悲观，培养乐观的人生态度呢？

（1）要坚信乐观是成功之源，相信积极态度所带来的力量，坚信希望和乐观能引导自己走向胜利。

（2）要善于挖掘周围环境的有利因素，善于把不利条件转化为有利条件。发现身边到处都有些小的成功，自信心就会随之增加。

（3）还要注意培养幽默感，有幽默感的人，才有能力轻松地克服厄运，排除随之而来的倒霉念头。

2. 猜疑

所谓猜疑，一是猜，二是疑，疑是建立在猜的基础之上，缺乏事实根据，有时还缺乏合理的思维逻辑，这种情况表现为过度的神经过敏，遇事太敏感。例如，有些同学看到其他同学低声说话，便疑心在说自己的坏话；某个同学见面没和自己打招呼，便猜他对自己有意见等等。

怎样才能克服猜疑呢？

（1）保持健康的心理状态，不歪曲理解别人的好意和正常言行，正确对待别人的态度和评价；克服主观臆断，不戴有色眼镜去看人，不怀疑别人。

（2）树立自信，不要在乎别人对自己的看法，只要自己是正确的，就坚持走自己的路，不用别人的评价来衡量自己言行的是非，当别人对自己的态度不明朗或不符合自己的想法时，也不要去猜疑，自寻烦恼；对有疑问或误会的事情，主动与他人进行交流和沟通，不要心存芥蒂。

（3）进行积极的自我暗示，当发现自己正在猜疑时，马上暗示自己，不要想多了，凡事往好处去想，无论别人说什么，有则改之，无则加勉，或者想一些快乐的事情，将注意力转移，不要让自己陷入猜疑中，让自己纠结不快；开阔自己的心胸，加强自身修养，培养大度、开朗的性格。

3. 害羞

害羞在大学生中并不少见。比如，不敢在公众场合发表意见，害怕与陌生人打交道，路上见到异性同学会手足无措，见到老师会难为情，说话感到紧张等。

害羞是一个人自我防御心理过强的结果，害羞的人过于胆小被动，过于谨小慎微，过于关注自己，自信心不足。他们特别注意自己在别人心目中的形象，总觉得自己时时处在众目睽睽之下，于是敏感拘束，一句话要在心里反复多次才能说出来，一件事总要左思右想，为此搞得神经紧张，坐立不安。

害羞之心人皆有之，但过分的害羞，不该害羞时害羞，尤其是当害羞成了一种习惯，则是有害的，它会导致压抑、孤独、焦虑等不良心理状态，还会阻碍人际交往，影响一个人才能的正常发挥，因此可通过有意识的调节来改变。

（1）要增强自信心。许多害羞者在知识、才能和仪表方面并不比别人差。害羞的女大学生自以为长得不美，但不相识的男生凭照片都认为她们与那些社交活跃的女生一样动人。因此要正确评价自己，多看到自己的长处。

（2）放下思想包袱，不要过于在意别人的议论。每个人都会说错话、做错事，这并没什么大不了的，没有完美的人和事。即使有人议论也是正常的，没必要太看重。"走自己的路，让别人去说吧！"这会使自己变得更洒脱。

（3）要有意识地锻炼自己。胆量和能力都是锻炼的结果，要敢于说出第一句话，敢于迈出第一步。上课、开会时尽量坐到前排去；走路时抬头挺胸，把速度提高四分之一；主动大胆地和别人尤其是陌生人、异性和老师讲话；与人说话时，正视对方的眼睛；在高兴时，开怀大笑等。

4. 怯懦

怯懦主要表现为缺乏勇气和信心，害怕可能面临的困难和挫折，在挫折、困难面前常常知难而退，甚至不战而败。有些大学生过去一帆风顺，因而特别害怕失败。"只能成功，不能失败"的非理性信念是造成一些大学生怯懦的主要因素。

有些大学生由于胆怯，不敢与人讲话，不敢出头露面，也不敢表明自己的态度，甚至不敢向老师提问题。有些大学生由于软弱，不敢冒风险，不敢担重任，不敢与坏人坏事做斗争，不敢坚持自己正确的观点。但越是这样回避矛盾、躲避失败，越是容易体验到强烈的挫折感。

在挑战与机遇并存的现代社会，怯懦者会失去很多成功的机会，并可能成为落伍者。积极迎接挑战，争做生活的强者才是明智的选择。改变怯懦的最好方法是要敢于抓住机遇，积极锻炼，不怕失败，不怕丢面子，不怕担子重，多给自己鼓励和压力，在生活的词典中去掉"不敢"二字。

5. 急躁

急躁是大学生中常见的不良人格品质。表现为碰到不称心的事情马上激动不安，做事缺乏充分的准备，没准备好就盲目行动，急于达到目的。特别是当工作和学习遇到困难时，更是急得不可开交，恨不得"快刀斩乱麻"，一下子把所有事情解决掉。性情急躁的人说话办事快，竞争意识强，容易冲动，心情常常处于紧张状态。

6. 懒散

懒散是指一种慵懒、闲散、拖拉、疲沓、松垮的生存状态。主要表现在以下方面：活力不足，什么也不想什么也不做，没有计划，随波逐流；无法将精力集中在学业中，无法从事喜欢的事，百无聊赖，心情不爽，情绪不佳，犹豫不决，顾此失彼，做事磨蹭。

懒散是不少大学生感到苦恼又难以克服的一种人格发展缺陷，是意志活动无力的表现，懒惰是影响大学生积极进取、张扬青春活力的天敌。处于懒散状态的大学生也常以此感到内疚、自责、后悔，但又觉得心有余而力不足，这主要是因为他们往往想得多而做得少，缺乏毅力所致。要克服懒散，应充分认识其危害性，振作精神，对自己负责，"起而行之"，从日常小事做起，并努力做到不找借口，不原谅自己的偷懒，力争今日事今日毕，多与人交往，多关心外部世界，多参加有益身心的社会活动，而要做到这一切，有坚定而有价值的理想是非常重要的。

7. 狭隘

受功利主义影响，大学生中的"狭隘"现象有增无减。凡事斤斤计较、耿耿于怀、好忌妒、好挑剔、容不得人等，都是心胸狭隘的表现，即日常说的"气量小"。心胸狭隘往往会影响人际关系，伤害他人感情，也常感到烦闷、苦恼，影响自己的情绪和在他人心目中的形象，因此，于人于己有百害而无一利。狭隘人格多见于内向者，尤其是女性。

克服狭隘，一要胸怀宽广坦荡，一切向前看。二要丰富自己，一个人的视野越开阔，就越不会陷入狭隘之中，这就是所谓的"站得高，看得远"。三要学会宽容，宽以待人。

8. 自我中心

自我中心是指考虑问题、处理事情都以自我为中心，将自我作为思考问题的出发点和归宿点。表现为一切以自己为出发点，目中无人，甚至自私自利；每每遇到冲突时，总是认为对的是自己而错的是他人。特别是那些自尊心比较强、优越感强、自信心强、独立自主的大学生，往往容易陷入自我中心的人格发展障碍之中。克服自我为中心要注意以下几个方面：

（1）克服自我中心的关键是换个立场看问题，学会换位思考，可借助心理咨询中的空椅子法和角色扮演法来尝试从别人的角度思考。

（2）坦然接受批评和建议，容许有不同意见，人际交往宝典中那句"也许你是对的"常记在心，从而改变自以为是、固执己见的心理。

（3）学会一些人际交往的技巧，如倾听，自我中心的人往往在倾听之前就已经关闭了耳朵，只听得见自己的声音，真正会倾听的人不仅是用耳朵在听，更是用眼睛、心灵在听，不仅能听懂语言所包含的意思，也能听懂弦外之音。总之，要克服自我中心的交往障碍，既要使自己融入集体中，又能在集体中保持自己独立的个性。

小柯，女，某大学学生，入学前有一年工作经历。小柯报到比其他同学要早几天，来学校后在校园里闲逛，她自称是来校报到而钱没带够，这边虽然有同学但未找到，正不知所措。小柯讲话前言不搭后语，且不断回避问题，甚至有时自言自语。

开学后不久，小柯的舍友反映了小柯的一些异常情况：孤僻，说话时语无伦次，不能正视别人进行眼神交流，无法清楚表达自己的感情，情感淡漠，反应迟缓，不能和同学舍友正常交往；纪律观念差，多次旷课，一次夜不归宿；多次站在隔壁班级门口直视班内一男生；上课不敢说话，即使老师点名让小柯回答问题，她也是表情痛苦，满脸通红；擦黑板时突然转身问台下聊天的同学是否在议论自己。院领导指示先和小柯家长联系，然后带她去心理咨询中心进行咨询。联系家长后，家长说小柯以前在家就有过这样的状况，不足为奇，过阵子自然会好转，并无必要来学校和老师进一步沟通。通过心理咨询老师反馈的信息得知，已初步确定小柯有较严重的心理障碍，必要时应进行药物治疗。

1. 分析与诊断

当代大学生的心理素质不仅影响其自身的发展，而且关乎全民族素质的提高，更关系到跨世纪人才的培养。大学生作为一个特殊的群体，生理虽已成熟，但心理尚未成熟，需要家长和老师的特别关怀。调查表明，当代人的素质不能适应社会进步和发展的需要，其中，最欠缺的就是心理素质，具体表现为缺乏承受挫折的能力、适应能力和自立能力，意志薄弱，缺乏竞争意识和危机意识，缺乏自信心，依赖性强等。这与学校教育不够重视学生心理素质的培养与塑造有关。大学生常见的心理问题表现为环境应激问题、人际关系障碍、自我认识失调、感情适应不良、情绪情感不稳等。当代大学生心理问题不容忽视。案例中小柯的问题只是众多具有心理问题学生中比较严重的一个。

2．调节对策

（1）要自觉地创造一个良好的人际环境。父母、教师对青少年患者不要轻易地责备、侮辱，彼此间要互相理解、互相关心、互相尊重、互相帮助。要经常进行沟通和交往，减少或避免不良刺激。一旦有争执的情况发生，周围人要尽快散开，不要去凑热闹，更不要去争辩。而患者此时也要尽量警告自己不要与人吵架，尽快离开，以免闹个不休。如果患者能自觉地把自己长期置身于这样一个良好的人际环境中，那么，其异常的人格就会逐渐得到好转，甚至可以有较大的改善。因为，在这种良好的人际环境中，患者通过良好的沟通与交往，容易理解他人、信任他人，减少敏感多疑。

（2）学会用自我暗示调节法来逐渐消除偏执型人格障碍的异常人格特征。如默念"一个人固执多疑，不利于和老师、同学来往，因为固执多疑，就会听不进同学、老师的任何意见，只相信自己，就会使同学、老师感到难以与自己沟通，因为固执多疑，即使自己的意见正确，也会使同学、老师在情感上难以接受，就有可能从反面去理解而造成误会。自己一定要改掉固执多疑的缺点，要谦和，要心平气和地表达自己的观点，要多听而且积极地去理解同学、老师的意见，这对自己总是有帮助的，有些事情是自己苦思不得其解的。不要总认为自己比同学、老师能干，要知道天外有天、人外有人，千万不要高傲自大，不要轻视同学、老师的意见，而要向他们学习，同时要相信他们，没有哪个同学是故意与自己过不去的，自己不要整天怀疑有人在搞鬼，否则，会给自己带来无穷的烦恼。因此，一定要用宽容的态度对待同学、老师，相信他们也会这样对待自己"。如果可能，每天最好都这样默念一次，对这种自我暗示首先要充分相信它的神奇作用，最好能在大脑皮层兴奋性较低的早晨、午休或就寝前进行默念。在默念过程中尽量运用想象，这样自我暗示的效果就会更好。

（3）学会用自我分析法分析自己的一些非理性的观念。以逐步消除偏执型人格障碍的异常人格特征。例如，每当自己出现对同学或老师有敌意的观念时，就要分析一下是不是自己卷入"敌对心理"的漩涡之中。又如，每当出现对同学、老师有不信任的情况时，就要分析一下是不是自己卷入"信任危机"之中。如果是，就要提醒和警告自己，不要再沉浸于"自我信任"之中了。同学、老师大多都是好人，都是可以信赖的，不应该对他们抱持不信任的态度，否则，就会失去同学、老师的信任。通过这种自我分析非理性观念的方法，可以减少偏执行为。有时自己不知不觉地表现了偏执行为，事后应抓紧分析当时的想法，找出当时的非理性观念，然后再加以改造，以防再犯。

## 三、大学生人格障碍的矫正方法

人格障碍发展到严重程度，不仅危害个人，并可能在医学上和社会上构成严重问题。因此，对人格障碍早发现、早治疗是非常必要的。人格障碍的矫正虽然有一定的难度，但也不是什么"不治之症"。在临床实践中发现，有相当一部分人格障碍者，在精神科医生和心理学家的指导下，通过自身的努力，在可能的限度内，在人格障碍的矫正方面取得了令人满意的效果。下面简要介绍四种人格障碍自我矫正的方法。

### （一）反向观念法

人格障碍者大多伴随有认识歪曲现象，反向观念法是改造认识歪曲的一种有效方法。反向观念法是指主动与自己原有的不良自我观念唱反调，原来是以自我为中心，现在则应逐渐放弃自我中心，学习设身处地为他人着想；原来爱走极端，现在则学习多方位考虑问题；原来喜欢超规则化，现在则应偶尔放松一下，学习无规则地自由行事。采用反向观念法克服缺点的要点是先对自己的错误观念进行分析，然后提出相反的改进意见，在生活中努力按新观念办事。这种自我分析可以定期进行，几天一次或一星期一次，也可以在心情不好或遭遇挫折时进行。认识上的错误往往被内化成无意识的，通过上述自我分析，就可把无意识的东西上升到有意识的自觉层次，这有助于发现和改进自己的不良人格状态。

### （二）习惯纠正法

人格障碍者的许多行为已成为习惯，破除这些不良习惯有利于人格障碍的矫正。以依赖型人格为例，实施这种方法有三个要点：一是清查自己的行为中有哪些事习惯依赖别人去做，有哪些事是自己做决定的，可以每天记录，记录一个星期。二是将自主意识很强的事归纳在一起，如果做了，则当作一件值得庆贺的事，以后遇到同类情况坚持做；如果没做，以后遇到同类情况则应要求自己去做。而对自我意识差、没有按自己意愿制定的事，自己提出改进的想法，并在以后的行动中逐步实施。例如，制订某项计划时听从了朋友的意见，但自己对这些意见并不欣赏，便应把不欣赏的理由说出来，这样，在计划中便渗透了自己的意见，随着自己意见增多，个人便能从依赖别人意见逐步转为完全自主决定。三是找一个信赖的人做监督者，并与监督者订立双边协议，有良好表现时，予以奖励，若违约则予以惩罚。

### （三）行为禁止法

对于人格障碍者的许多不良行为，可以采取该法。例如，一个偏执型人格障碍的人当对一件事忍无可忍将要发作时，要对自己默念如下指令："我必须克制住自己的反击行为，我至少要忍 10 分钟。我的反击行为是过分的，在这 10 分钟内，让我当即分析一下有什么非理性观念在作怪。"采取这种方法后，不久就会发现，每次认为怒不可遏的事，只要忍上几分钟，用理性观念加以分析，怒气便会随之消减。不少自己认定极具威胁的事，在忍耐了几分钟后，就会发现灾难并未降临，不过是自己的一种无谓担忧罢了。

### （四）情绪调整法

人格障碍者多伴有情绪障碍。例如，表演型人格的情绪表达太过分，旁人无法接受。采用此法首先要做到的便是向亲朋好友进行一番调查，听听他们对自己的看法。对他人提出的看法，应持全盘接受的态度，千万不要反驳，然后扪心自问一下，上述情绪表现哪些是有意识的，哪些是无意识的；哪些是别人喜欢的，哪些是别人讨厌的。对别人讨厌的坚决予以改进，对别人喜欢的则在表现强度上力求适中。对无意识的表现，写下来，放在醒目处，不时地自我提醒。此外，请好友在关键时刻提醒一下，或在事后对自己的表现做一个评价，然后从中体会自己情绪表达的过火之处。这样坚持下去，自己的情绪表达就会越来越得体和自然了。

# 第三节 大学生健康人格的培养

## 一、健康人格的基本特征

健康的人格特征是一个有机统一、稳定的整体，也就是个人的所想、所说、言行是协调一致的。

### （一）正确的自我认识

自我认识是个体对自己、自己与他人关系、自己与周围世界关系的认识。具有健康人格的人对自己有恰如其分的评价，正确看待自我、认识自我；不自高自大，也不妄自菲薄；从实际出发，确立自我价值，认识和理解个人与社会的统一，能有效地调节自己的行为，与环境保持平衡。明白个人只有在集体和社会的大熔炉中，才能真正实现自我。

### （二）良好的情绪调控能力

情绪标志着人格的成熟的程度，一个人如果不善于自控，则意味着他不能有效地发动、支配或抑制自己的激情，控制自己的冲动，对未来的成长过程有害无益。因为积极的情绪体验能使人精神振奋，增强人的信心，提高人的活动效率；消极的情绪体验会降低人的活动效率，长期积累甚至使人生病。所以消极情绪出现时应该寻找合适的宣泄途径，将其排解、转移和升华。凡事从长远考虑，不要为眼前的一时一事而放弃未来。

### （三）乐观向上的生活态度

积极的人生态度是人类在社会实践中获得的本质力量的表现。乐观的人常常能看到生活的光明面，对前途充满信心，即使在生活中遇到挫折、障碍和干扰，也能科学辩证地认识，不畏艰险，勇于拼搏，从逆境中奋起，重新确定目标，更加努力。

### （四）和谐的人际关系

人际关系是人们在社会实践中形成的人与人之间的相互作用的关系，是社会关系的直接表现，最能体现一个人的人格健康程度。人格健康的人乐于与他人交往，在与他人交往中传递信息，不断调整自己的行为，更新观念和态度。可以说，和谐的人际关系是人格健康水平的反映，同时也影响和制约着健康人格的形成与发展。

### （五）良好的社会适应能力

社会适应能力反映了人与社会的协调程度。人格健康的人能够与社会保持良好密切的接触，尤其面对现代文化与传统文化的冲突时，注意调整自己的价值观，使自己的思想、行为跟上时代的发展，与社会的要求相符合，表现为能很快适应新的环境。

## 二、大学生人格发展的特点

根据国内外心理学家对人格素质结构的研究，结合我国当今社会发展的现状和大学生的实际表现，我们认为当代大学生在人格发展中呈现出如下五个方面的特点：

### （一）能正确认知自我

首先是能自我认可，基本上能接受一切属于自我的东西，从而形成对自己积极的看法；其次是自我客体化，对自己的所有与所缺都比较清楚和明确，理解现实自我与理想自我之间的差别。大多数人都有明确的奋斗目标和愿望，并为之而努力。

### （二）智能结构健全而合理

具有良好的观察力、记忆力、思维力、注意力和想象力，没有认知障碍，能将各种认知能力有机结合并发挥应有的作用。

### （三）对社会环境的适应能力较强

当代大学生对外部世界有着浓厚的兴趣，有着广泛的活动范围和许多爱好，人际交往范围扩大，积极参与各种形式的社会实践。同时，能容忍别人与自己在价值观与信念上存在的差别，能根据事物的实际情况看待事物，而不是根据自己的主观愿望来看待事物。

### （四）富有事业心

能把事业看成生活的重要组成部分，在事业上有较强的进取心和责任感；具有竞争意识，具有开放性的思想观念，少有保守思想；喜欢创造，勇于创新，敢于冒险，独立性强，富有幽默感，态度务实。

### （五）情感饱满适度

情绪上稳定性与波动性、外显性与内隐性并存，情感丰富多彩，积极的情绪、情感体验在学习、生活中占主导。

这些特点表明，我国大学生人格发展状况基本良好，大学生在人格教育方面具有良好的自觉性。

## 三、大学生健康人格标准

结合健康人格标准和大学生人格的特点，大学生健康人格应符合以下标准：

### （一）正常的道德感

自己的动机、言行符合一定的社会道德行为准则；有正确的是非善恶观念，能够区分目的和手段。

### （二）远大理想和明确目标

有科学的世界观和人生观，拥有明确的目标和计划，能够科学合理地规划大学生活，并努力完成。

### （三）准确地进行自我评价

具有正确的自我意识，对自己能够客观、合理地进行评价；能够自我监督，自我约束，自我调整。

### （四）和谐的人际关系

掌握良好的人际交往技巧，能够有效沟通；在人际关系中能够尊重他人，也能得到他人尊重和接纳。

### （五）良好的情绪调控能力

经常保持愉悦、乐观的情绪；能够合理宣泄、排解负面情绪。

### （六）良好的社会适应能力

能够正确理解和对待社会现象，主动关注并积极应对社会发展变化。

### （七）有效解决问题的能力

能够对学习抱有浓厚的兴趣，刻苦钻研，在学习过程中能够发挥自身的智慧和能力，有效地解决各类问题。

### （八）健康的审美情绪

有正确的审美观和对美的正确追求；能够抵制低级趣味和不良风气的侵蚀。

## 四、影响大学生人格发展的因素

塑造和培养良好的人格是个体成长与发展的关键。在一个人的人生发展历程中有许多因素会影响到人格的发展，人格的塑造是先天、后天因素共同作用的结果。

### （一）生物遗传因素

心理学家对"生物遗传因素对人格具有何种影响"的研究已经持续很久了。由于人格具有较强的稳定性，因此人格研究者也会注重遗传因素对人格的影响。"双生子"的研究被许多心理学家认为是研究人格遗传因素的最好办法，并提出了双生子的研究原则：同卵双生子既然具有相同的基因形态，那么他们之间的任何差异都可以归于环境因素。而异卵双生子的基因虽然不同，但在环境上有许多相似性，如出生顺序、母亲年龄等，因此也提供了环境控制的可能性。系统研究这两种双生子，就可以看出不同环境对相同基因的影响，或者是相同环境下不同基因的表现。研究结果表明，遗传是人格不可缺少的影响因素。但遗传因素对人格的作用程度因人格特征的不同而不同。通常在智力、气质这些与生物因素关系较大的特征上，遗传因素较为重要；而在价值观、信念、性格等与社会因素关系紧密的特征上，后天环境因素更重要。人格发展过程是遗传与环境交互作用的结果，遗传因素影响人格发展的方向及形成的难易。

### （二）社会文化因素

人一出生，便置身于社会文化之中并受社会文化的熏陶与影响，文化对人格的影响伴随着人的终身。社会文化塑造了社会成员的人格特征，使成员的人格结构朝着相似性的方向发展，而这种相似性又具有维系社会稳定的功能。这种共同的人格特征又使个人正好稳稳地"嵌入"整个文化形态里。

社会文化对人格的影响力因文化而异，这要看社会对顺应的要求是否严格。越严格，其影响力就越大。影响力的强弱也依据其行为的社会意义大小而变化，对于不太具有社会意义的行为，社会允许较大的变异；但对社会功能十分重要的行为，就不允许太大的变异，社会文化的制约作用就大。如果一个人极端偏离社会文化所要求的人格基本特征，那么他就不能融入社会文化环境之中，而且会被视为行为偏差或心理疾病。

社会文化具有塑造人格的功能，这反映在不同文化的民族有其固有的民族性格，不同的地域有着不同的文化传统，不同的文化发展时期有着不同的文化认同等方面。以新几内亚源自同一祖先的三个不同民族为例：居住在山丘地带的阿拉比修族，崇尚男女平等的生活原则，成员之间互相友爱、团结协作，没有恃强凌弱，没有争强好胜，一派亲和景象。居住在河川地带的孟都古姆族，生活以狩猎为主，男女间有权力与地位之争，对孩子处罚严厉。这个民族的成员表现出攻击性强、冷酷无情、忌妒心强、妄自尊大、争强好胜等人格特征。居住在湖泊地带的张布里族，男女角色差异明显，女性是这个社会的主体，她们每日操作劳动，掌握着经济实权。而男性则处于从属地位，其主要活动是艺术、工艺与祭祀活动，并承担孩子的养育责任。这种社会分工使女人表现出刚毅、支配、自主与快活的性格，男人则有明显的自卑感。

### （三）家庭环境因素

家庭常被视为人类性格的加工厂，它塑造了不同的人格特征。家庭虽然是一个微观的社会单元，但它对人格的培育起着至关重要的作用。家庭是社会的细胞，家庭不仅具有自然的遗传因素，也有着社会的"遗传"因素。这种社会遗传因素主要表现为家庭对子女的教育作用，俗话说的"有其父必有其子"，不无道理。父母按照自己的意愿和方式教育孩子，使他们逐渐形成了某些人格特征。

人格的家庭成因是指家庭间的差异对人格发展的影响，以及不同的教养方式对人格差异所构成的影响。孩子的人格是在与父母持续相互作用中逐渐形成的。例如，富于感情的父母将会示范并鼓励孩子采取更富情感性的反应，因此也加强了孩子的利他行为模式而不是攻击行为模式。孩子在批评中长大，学会了责难；在敌意中长大，学会了争斗；在虐待中长大，学会了伤害；在支配中长大，学会了依赖；在干涉中长大，会变得被动与胆怯；在娇宠中长大，学会了任性；在否定中长大，学会了拒绝；在鼓励中长大，增长了自信；在公平中长大，学会了正义；在宽容中长大，学会了耐心；在赞赏中长大，学会了欣赏；在爱中长大，也学会了去爱别人。

家庭教养方式一般可以分为三类。第一类是权威型教养方式，这类父母在对子女的教育中，表现得支配性过强，孩子的一切由父母来控制。成长在这种教育环境下的孩子容易形成消极、被动、依赖、服从、懦弱，做事缺乏主动性，甚至会形成不诚实的人格特征。第二类是放纵型教养方式，这类父母对孩子过于溺爱，让孩子随心所欲，父母对孩子的教育有时是失控的状态。这种家庭环境中成长的孩子多表现为任性、幼稚、自私、野蛮、无礼、独立性差、唯我独尊、蛮横胡闹等。第三类是民主型教养方式，父母与孩子在家庭中处于平等和谐的氛围中，父母尊重孩子，给孩子一定的自主权，并给予孩子积极正确的指导。父母的这种教育方式使孩子形成了一些积极的人格品质，如活泼、快乐、直爽、自立、彬彬有礼、善于交往、富于合作、思想活跃等。

由此可见，家庭是社会文化的媒介，它对人格具有强大的塑造力。其中，父母恰当的教养方式会直接决定孩子人格特征。父母在养育孩子的过程中，表现出自己的人格，并有意无意地影响和塑造着孩子的人格，形成家庭中的"社会遗传性"。

### （四）学校教育因素

学校是通过各种活动有目的有计划地向学生施加影响的场所。学生在学校中不仅掌握一定的科学文化知识，也接受一定的政治观点和掌握一定的道德标准，学会了为人处世的方式，形成自己的个性。

教师、班集体、同学与同伴等都是学校教育的元素。教师对学生人格的发展具有指导定向的作用。教师的言传身教对学生产生着巨大的影响。每个教师都有自己的风格，这种风格为学生设定了一个"气氛区"，在教师的不同气氛区中，学生有不同的行为表现。有研究显示，性情冷酷、刻板、专横的老师教出来的学生欺骗行为较多；友好、民主的教师所教的学生欺骗行为较少。

学校是同龄群体汇聚的场所，同伴群体对学生人格具有巨大的影响。班集体是学校的基本团体组织，班集体的特点、要求、舆论和评价对于学生人格的发展具有"弃恶扬善"的作用。

### （五）儿童早期经验

中国有句俗话："三岁看大，七岁看老。"斯皮茨（Spitz）在对孤儿院里的儿童进行的研究中，发现这些早期被剥夺母亲照顾的孩子，长大以后在各方面的发展均受到影响。[①] 许多孩子患了"失怙性忧郁症"，其症状表现为哭泣、僵直、退缩、表情木然，并且有人提出被抛弃会使儿童产生心理疾病，孩子会形成攻击、反叛的人格。

人格发展的确受到童年经验的影响，幸福的童年有利于儿童向健康人格发展，不幸的童年也会引发儿童不良人格的形成。但二者不存在一一对应的关系，溺爱也可使孩子形成不良人格特点，逆境也可磨炼出孩子坚强的性格。早期经验不能单独起决定作用，它与其他因素共同决定人格。早期儿童经验是否对人格造成永久性影响因人而异，对于正常人来说，随着年龄的增长、心理的成熟，童年的影响会逐渐缩小、减弱，因此，其效果不会永久不变。

### （六）自我调控因素

上述各因素体现的是人格培养的外因，而外因是通过内因起作用的。人格的自我

---

① （英）斯皮茨，（美）科蓝. 小儿外科学图谱 原书第 6 版 [M]. 北京：北京大学医学出版社，2012.

调控系统就是人格发展的内部因素。人格调控系统是以自我意识为核心的。自我意识是人对自身以及对自己同客观世界的关系的意识，具有自我认知、自我体验、自我控制三个子系统。自我调控系统的主要作用是对人格的各个成分进行调控，保证人格的完整、统一、和谐。

综上所述，在人格的培育过程中，各种因素对人格的形成与发展起到不同的作用。遗传决定了人格发展的可能性，环境决定了人格发展的现实性。

## 五、大学生健康人格培养的途径

### （一）发挥大学生的主观能动性，注重自身健全人格培养

1. 树立正确、适当的目标，培养上进心

大学生想要树立正确、适当的目标，首先要找到自己的准确定位。树立一个正确的目标，能使自己避免在面对各种现实与理想落差中迷失，在压力和挫折中一蹶不振。同时，培养积极、向上的心态，才能乐观、进取地完成自己的大学生涯规划。

2. 培养正确的认知能力，建立良好的自控机制

一个人只有正确地认识自我，才能客观评价自我。在评价自我的过程中，既能肯定自己的优势，又能承认差距，这样既能悦纳自己，避免无谓的挫折和打击，又可以赏析他人，取长补短。正确的自我评价可以使自己适时调整目标。当目标和实际情况发生冲突时，能够进行自我调节，对不符合要求的情绪和冲动进行自觉控制，保持心理健康，实现自我完善。

3. 及时调整负性情绪，培养愉快的心境

心境是人们在日常生活中经常体验的一种微弱的、持久的、影响人的整个精神活动的情绪状态。心境有愉快的、忧愁的、悲伤的、怨恨的。良好的、愉快的心境可以使人和颜悦色，做起事来轻松愉快，给别人帮忙也很爽快；不好的心境使人脸色难看，对人态度生硬，做事也往往不能获得积极的结果。因此，产生负性情绪时应及时调整，让自己始终保持乐观、愉快的心境。

4. 培养建立和谐的人际关系

和谐的人际关系有利于提高和完善大学生的自我意识能力。置身于良好的人际关系中，可以感到自己为他人所接受、承认，从而认识到自己对他人以及社会的价值，

提高自信心。同时，通过别人对自己的态度和评价，使自我评价更为全面、客观，和谐的人际关系有利于促进大学生心理健康。一个具有健全人格的大学生应当乐于与他人交往，与别人建立良好的社会关系，不仅能接受自我，也能接受他人、悦纳他人，为他人所悦纳。

5. 主动学习榜样，培养良好的人格

（1）学习英雄人物、先进模范的高尚人格。我国的英雄模范人物层出不穷，如屈原、岳飞、包拯、海瑞、黄继光、雷锋、蒋筑英、焦裕禄等。尽管他们对国家、民族的贡献不一样，但是有一点是相同的——他们都有高尚的人格。屈原、岳飞具有强烈的爱国精神，包拯、海瑞刚正廉明，雷锋乐于助人，蒋筑英、焦裕禄为祖国建设而无私奉献等。

（2）以现实生活中具有优秀人格的人（如身边的同学、朋友、父母、亲戚等）为榜样，取其精华作为自己的目标，从点滴小事做起，锲而不舍。

（3）中华民族的优秀历史文化传统和伟大的民族精神，应该成为大学生健康人格自我塑造的必修内容，如古代崇尚的爱国精神、亲民精神、尚公精神、尚德精神、崇义精神、献身精神、独立精神、自立自强精神等。

（4）每个国家、民族在长期的发展过程中，都形成了自己突出的文化精神，值得学习，如俄罗斯人的大无畏革命精神和创新精神，德国人的务实求真精神，美国人的自立自强、勇于竞争、注重实践的精神，日本人做事认真、互相合作、勇于奉献的精神，新加坡人的遵纪守法精神等。

**（二）以和谐的校园文化作为培养大学生健全人格的重要载体**

1. 校园物质环境

创造优美的校园物质环境，发挥校园文化的熏陶作用。健康优美的校园环境就像是一部立体的、多彩的、富有吸引力的教科书，对大学生健全人格的培养具有潜移默化的作用。

校园环境有利于陶冶大学生的情操、美化心灵、激发灵感、启迪智慧，也有利于大学生道德素质的提高。

2. 校园精神文化

建立良好的校园精神文化，为大学生提供良好的自我教育氛围。校园精神是一所学校的灵魂，有着鲜明的个性特征，是在师生长期的教育和教学活动中形成的趋同性群体心理特征、行为规范和精神追求，外化为学校的校风。良好的校风对大学生有巨大的感染和熏陶作用。而积极、优化的学校舆论导向同时对大学生道德观念和价值观起着重要的导向作用。这些都对大学生的行为产生了约束、调节和激励作用。

3. 思想道德教育体制

完善高校大学生思想道德教育体制，培养大学生良好的道德素质。

（1）发挥思想政治理论课对大学生健全人格教育的主要渠道作用。教师应充分挖掘课堂教学中人格教育的内容，改变思政课堂单一而传统的教学模式，通过外部灌输与开发学生自觉性相结合、美育教育渗透等教学模式的创新，来培养大学生自学能力、创造能力、科学研究能力、独立思维能力、表达能力和组织管理能力，同时帮助他们树立正确的世界观、人生观、价值观，引导他们形成优良的个性心理品质。

（2）注重社会实践，摆脱思想道德纯理论教育在道德素质教育中的主导地位。高校应丰富校园社会实践活动，融入思想道德教育的内容，培养大学生社交能力，增强自信心，形成自我肯定、自我认同的意识；还可以根据大学生心理问题的类型和成因，有针对性地组织存在人格偏差的大学生进行特别的社会实践活动，以此增强他们的社会适应能力，提高人格素质。

（3）坚持以人为本，把道德教育思想深入贯彻到学生管理工作中，充分发挥它对形成大学生健全人格的作用。通过建立完善、健全的规章制度，规范大学生的学习、生活及行为，促使他们自觉遵守各项规章制度和道德规范，提高法律、法纪意识，养成良好的行为习惯。同时应注意到，个体先天条件和后天发展导致的个性差异，需要在学生管理工作中以人的身心发展为前提，坚持以人为本，重视大学生心理健康，构建完善的大学生心理健康危机干预系统。另外，还可以培养学生形成自主管理的模式，开发学生个体潜能，使学生的素质得到全面发展。

4. 提高教育者的人格素质

学校应注重对教育者人格素质的培养和提高，建立起人格素质考核的机制，促进教师队伍整体素质水平的提高。高校教育者的人格水平高低在一定程度上决定着对大学生人格教育的成败。

5. 丰富健康的校园群体活动

高校可以组织丰富多彩的科技、体育、娱乐、文化、社团等活动，让学生广泛参与。

这样可以培养学生的竞争意识、规则意识和坚强的意志品质；可以使大学生不断获得新知识，丰富生活内容，开阔思路，并在活动中充分发挥自己的聪明才智，体验到满足感和充实感，预防因无所事事而产生空虚、孤独的消极体验。

### （三）以心理咨询服务重建人格

心理健康教育是塑造大学生健康人格的基础性工程。高校开展心理卫生工作的目的，不仅是要做到发现、治疗和预防各种心理疾病，更重要的是指导大学生运用各种良好的方法培养健康人格，使之更好地适应复杂的社会环境。心理咨询是大学生进行心理调适的一种方式，也是当今大学生重新塑造自己人格的有效途径之一。当大学生出现人格发展缺陷或是人格障碍时，必须要通过专业的心理干预进行人格重建。

人格魅力的培养：

1. 沉稳

（1）不要随便显露你的情绪。

（2）不要逢人就诉说你的困难和遭遇。

（3）在征询别人的意见之前，自己先思考，但不要先讲。

（4）不要一有机会就唠叨你的不满。

（5）重要的决定尽量与别人商量，最好隔一天再发布。

（6）讲话不要慌张，走路也是。

2. 细心

（1）对身边发生的事情，常思考它们的因果关系。

（2）对做不到位的执行问题，要找到它们的根本症结。

（3）对习以为常的做事方法，要有改进或优化的想法。

（4）做什么事情都要养成有条不紊和井然有序的习惯。

（5）经常去找几个别人看不出来的毛病或弊端。

（6）要随时随地对自己的不足进行改进。

3. 胆识

（1）常用带有自信的词句。

（2）要坚定，已经决定的事不随意更改。

（3）在众人争论不休时，要有主见。

（4）整体氛围低落时，你要乐观、阳光。

（5）做任何事情都要用心，因为有人在看着你。

（6）事情不顺的时候，歇口气，重新寻找突破口，就是结束也要干净利落。

4．大度

（1）不要刻意把有可能是伙伴的人变成对手。

（2）对别人的小过失、小错误要宽容。

（3）在金钱上要大方，学习三施（财施、法施、无畏施）。

（4）不要有权力的傲慢和知识的偏见。

（5）任何成果和成就都应和别人分享。

（6）必须有人牺牲或奉献的时候，自己走在前面。

5．诚信

（1）做不到的事情不要说，说了就努力做到。

（2）虚的口号或标语不要常挂嘴上。

（3）针对客户提出的"不诚信"问题，拿出改善的方法。

（4）停止一切"不道德"的手段。

（5）耍弄小聪明，要不得！

（6）计算一下产品或服务的诚信代价，那就是品牌成本。

6．担当

（1）检讨任何过失的时候，先从自身或自己人开始反省。

（2）事项结束后，先审查过错，再列述功劳。

（3）认错从上级开始，表功从下级启动。

（4）着手一个计划，先将权责界定清楚，而且分配得当。

（5）对"怕事"的人或组织要挑明了说。

（6）因为勇于承担责任所造成的损失，公司应该承担。

塑造成功性格的15种方法：

1．充满自信，永不言败——培养自信型性格

自信是人生的脊梁，拥有自信，一个人将在一切挫折面前永不言败；自信是天使的翅膀，让人自由地翱翔；自信是无悔地执着，让人担负自己的使命；自信是生存的智慧，让人在成功与失败的夹缝中傲雪凌霜；自信是生命的哲学，让人透视厄运的本

来面目；自信是一种无穷的力量，让人从失败的对面发现成功。

2. 自我控制，冷静面对——培养自制型性格

也许无端地受到了指责和误解；也许一招不慎，在人生之路上迷失了方向；也许……如果心正受着痛苦的煎熬，精神正在崩溃的边缘徘徊，千万要记住冷静面对，学会控制，要知道，上帝欲毁灭一个人，必先使其疯狂。

3. 善于思考，以智取胜——培养善思型性格

生活在五彩缤纷的世界，总要面对各种各样的人，应对形形色色的事。在人生旅途上，奋力进取的同时，也要懂得保护自己，怎样使自己游刃有余，稳操胜券？思索是唯一的选择。

4. 充实自我，不断进取——培养学习型性格

在当今这个靠头脑竞争的时代，越来越激烈的竞争压力让人们认识到自己所拥有知识是远远不够的，因为知识是一个动态系统，时间的流逝衰老了生命的同时，也在老化着已有的知识。如何让知识常有常新？唯一的选择就是学习——终身学习。

5. 关键时刻，思路清晰——培养理智型性格

理智表现为一种明辨是非、通晓利害以及控制自己行为的能力。具备这种能力并能自觉保持，当这种能力变成一种理性取向时，它便形成了一种性格。

6. 改变命运，只靠自己——培养独立型性格

独立，既创造了自我，也成就了社会，没有社会成员文化意识上的独立，这个社会将失去存在的质量。独立型性格，是社会发展的一种认同、一种提示、一种动力。

7. 果断行事，敢于冒险——培养果断型性格

果断，是一种性格，也是一种气质，它会让身边的人体验到雷厉风行的快感。果断更是一种境界，只有果敢行事、当机立断的人，才会让人钦佩、羡慕、信赖并从中获得安全感。这是一个需要果断性格的时代。

8. 心胸坦荡，豪爽率真——培养豪爽型性格

"豪爽者皆成大事之英雄"。豪爽，的确是一种令人很爽的性格。豪侠仗义，豪气冲天，豪情满怀，豪言壮语……正如诗人余光中盛赞李白："饮一口豪气，秀口一吐，就半个盛唐。"豪爽的性格，让历史都充满了灵气。

9. 风摧不垮，雨打不折——培养坚韧型性格

有一种人，比如鲁迅、霍金等，他们的性格具有很强的魅力，面对人生的沧桑、

生命的磨难或者是际遇的不幸，他们性格中那种坚韧不屈的个性，会让一切困难变得微不足道，性格本身就是一种所向无敌的力量，这种力量是他们征服世界的基础。

10．阳刚气度，强者风范——培养刚毅型性格

刚毅拯救了尘俗边缘的灵魂，摒弃了世俗的舒适和安逸带来的贪恋、犹疑、怯懦，所有的困厄在它面前最终只能销声匿迹。刚毅让思想更深刻，心灵更坚韧，品德更高尚。

11．把握时机，马上行动——培养行动型性格

世界是行动的直接果实，它带来的幸福和快乐，创造了丰饶的价值，具有无坚不摧的永恒的崇高性，"心动而不行动的人，幸福永远不会降临"。

12．在关系网中，拓展人生——培养社交型性格

所谓人际关系，就是感情和关系网络。人际关系是创造财富的有效方法。一个人的事业成功靠的就是70%的人际关系。全世界最成功的人都是人际关系较好的人。"多个朋友多条路"，再顶天立地的英雄，离开他人的帮助也将一事无成。

13．心态平和，宠辱不惊——培养沉静型性格

拥有平和的心态，就必须培养沉静的性格，沉静可以看尽千山而心如止水，可以阅尽千帆而波澜不惊。沉静是理与智的集锦，是动与静的交汇。拥有沉静就拥有了人生的沉稳宽厚，拥有沉静就拥有了人格的芬芳。

14．以柔克刚，所向无敌——培养温顺型性格

温顺，应该是属于女人的。女人的迷人来自秀外慧中的外表与内涵。经过爱情的洗礼、家庭的熏染，她们形成了自己特有的性格特征——温顺。

15．乐观向上，远离忧愁——培养快乐型性格

"笑对人生"是每个人的追求和渴望。在纷繁复杂的人生旅途中，挫折、失败、沉沦常常扰乱人的心神。快乐的人可以一笑了之，忧伤的人却难脱重负。

气质类型测试：

指导语：下面60题大致可确定人的气质类型。在回答时，若自己的情况"很符合"记2分，"较符合"记1分，"一般"记0分，"较不符合"记-1分，"很不符合"记-2分。

（1）做事力求稳妥，一般不做无把握的事。

（2）遇到可气的事就怒不可遏，把心里话全部都说出来才痛快。

（3）宁可一个人干事，不愿很多人在一起。

（4）厌恶那些强烈的刺激，如尖叫、噪声、危险镜头等。

（5）和人争吵时总是先发制人，喜欢挑衅别人。

（6）喜欢安静的环境。

（7）善于和人交往。

（8）到一个新环境中很快就适应。

（9）生活有规律，很少违反作息制度。

（10）羡慕那些善于克制感情的人。

（11）在多数情况下情绪是乐观的。

（12）碰到陌生人觉得很拘束。

（13）遇到令人气愤的事，能很好地自我克制。

（14）做事总是有旺盛的精力。

（15）遇到问题总是举棋不定、优柔寡断。

（16）在人群中从不觉得过分拘束。

（17）情绪高昂时，觉得干什么都有趣；情绪低落时，又觉得什么都没有意思。

（18）当注意力集中于某事物时，别的事很难使我分心。

（19）理解问题总比别人快。

（20）碰到危险情景，常有一种极度恐惧感。

（21）对学习、工作怀有很高的热情。

（22）能够长时间做枯燥、单调的工作。

（23）感兴趣的事情，干起来劲头十足，否则就不想干。

（24）一点小事就能引起情绪波动。

（25）讨厌做那些需要耐心、细致的工作。

（26）与人交往不卑不亢。

（27）喜欢参加热闹的活动。

（28）爱看感情细腻、描写人物内心活动的文艺作品。

（29）工作、学习时间长了，会感到厌倦。

（30）不喜欢长时间讨论一个问题，愿意实际动手干。

（31）宁愿侃侃而谈，不愿窃窃私语。

（32）别人总是说我闷闷不乐。

（33）理解问题常比别人慢。

（34）疲倦时只需要短暂的时间休息，就能够精神抖擞，重新投入工作。

（35）心里有话不愿意说出来。

（36）认准一个目标就希望尽快实现，不达目的誓不罢休。

（37）学习、工作同样一段时间后，常比别人更疲倦。

（38）做事有些鲁莽，常常不考虑后果。

（39）老师或他人讲授新知识、技术时，总希望讲得慢一些，多重复几遍。

（40）能够很快忘记那些不愉快的事情。

（41）做作业或完成一件工作总比别人花的时间多。

（42）喜欢运动量大的剧烈体育活动，或者参加各种文艺活动。

（43）不能很快地把注意力从一件事转移到另一件事上。

（44）接受一个任务后，就希望迅速解决。

（45）认为墨守成规比冒风险强些。

（46）能够同时注意几件事物。

（47）烦闷的时候，别人很难使我高兴起来。

（48）爱看情节起伏跌宕、激动人心的小说。

（49）对工作保认真严谨的态度。

（50）希望做变化大、花样多的工作。

（51）和周围人的关系总是相处不好。

（52）喜欢复习学过的知识，重复做熟练的工作。

（53）小时候会背的诗歌，我似乎比别人记得清楚。

（54）别人说我"出语伤人"，可我并不觉得这样。

（55）在体育活动中，常因反应慢而落后。

（56）反应敏捷，头脑机智。

（57）喜欢有条理而不甚麻烦的工作。

（58）兴奋的事常使我失眠。

（59）老师讲新概念，常常听不懂，但是弄懂了以后很难忘记。

（60）假如工作枯燥无味，马上就会情绪低落。

评估说明：

多血质包括：4、8、11、16、19、23、25、29、34、40、44、46、52、56、60题。

胆汁质包括：2、6、9、14、17、21、27、31、36、38、42、48、50、54、58题。

粘液质包括：1、7、10、13、18、22、26、30、33、39、43、45、49、55、57题。

抑郁质包括：3、5、12、15、20、24、28、32、35、37、41、47、51、53、59题。

如果某一项或两项的得分超过20，则为典型的该气质。

如果某一项或两项以上得分在20分以下、10分以上，其他各项得分较低，则为该项一般气质。

若各项得分均在10分以下，但某项或几项得分较其余项分高（相差5分以上），则略倾向于该项气质（或几项的混合）。

性格测试量表：

每题只能选择一个答案，应为你第一印象的答案。

（1）你更喜欢吃那种水果？

A. 草莓  2分

B. 苹果  3分

C. 西瓜  5分

D. 菠萝  10分

E. 橘子  15分

（2）你平时休闲经常去的地方？

A. 郊外  2分

B. 电影院  3分

C. 公园  5分

D. 商场  10分

E. 酒吧  15分

F. 歌房  20分

（3）你认为容易吸引你的人是？

A. 有才气的人  2分

B. 依赖你的人  3分

C. 优雅的人  5分

D．善良的人　10分

E．性情豪放的人　15分

（4）如果你可以成为一种动物，你希望自己是哪种？

A．猫　2分

B．马　3分

C．大象　5分

D．猴子　10分

E．狗　15分

F．狮子　20分

（5）天气很热，你更愿意选择什么方式解暑？

A．游泳　5分

B．喝冷饮　10分

C．开空调　15分

（6）如果必须与一个你讨厌的动物或昆虫在一起生活，你能容忍哪一个？

A．蛇　2分

B．猪　5分

C．老鼠　10分

D．苍蝇　15分

（7）你喜欢看哪类电影、电视剧？

A．悬疑推理类　2分

B．童话神话类　3分

C．自然科学类　5分

D．伦理道德类　10分

E．战争枪战类　15分

（8）以下哪个是你身边必带的物品？

A．打火机　2分

B．口红　2分

C．记事本　3分

D．纸巾　5分

E．手机　10分

（9）你出行时喜欢坐什么交通工具？

A．火车　2分

B．自行车　3分

C．汽车　5分

D．飞机　10分

E．步行　15分

（10）以下颜色你更喜欢哪种？

A．紫　2分

B．黑　3分

C．蓝　5分

D．白　8分

E．黄　12分

F．红　15分

（11）从下列运动中挑选一个你最喜欢的（不一定擅长）？

A．瑜伽　2分

B．自行车　3分

C．乒乓球　5分

D．拳击　8分

E．足球　10

F．蹦极　15分

（12）如果你拥有一座别墅，你认为它应当建在哪里？

A．湖边　2分

B．草原　3分

C．海边　5分

D．森林　10分

E．城中区　15分

（13）你更喜欢以下哪种天气现象？

A．雪　2分

B．风　3分

C．雨　5分

D．雾　10分

E．雷电　15分

（14）你希望自己的窗口在一座30层大楼的第几层？

A．7层　2分

B．1层　3分

C．23层　5分

D．18层　10分

E．30层　15分

（15）你认为自己更喜欢在以下哪一个城市中生活？

A．丽江　1分

B．拉萨　3分

C．昆明　5分

D．西安　8分

E．杭州　10分

F．北京　15分

评估说明：

180分以上：意志力强，头脑冷静，有较强的领导欲，事业心强，不达目的不罢休。外表和善，内心自傲，对有利于自己的人际关系比较看重，有时显得性格急躁、咄咄逼人，得理不饶人，不利于自己时顽强抗争，不轻易认输，思维理性，对爱情和婚姻的看法很现实，对金钱的欲望一般。

140～179分：聪明，性格活泼，人缘好，善于交朋友，心机较深，事业心强，渴望成功。思维较理性，崇尚爱情，但当爱情与婚姻发生冲突时的选择有利于自己的婚姻，金钱欲望强烈。

100～139分：爱幻想，思维较感性，以是否与自己投缘为标准来选择朋友。性格显得较孤傲，有时较急躁，有时优柔寡断。事业心较强，喜欢有创造性的工作，不喜欢按常规办事。性格倔强，言语犀利，不善于妥协，崇尚浪漫的爱情，但想法往往不切合实际，金钱欲望一般。

70～99分：好奇心强，喜欢冒险，人缘较好。事业心一般，对待工作随遇而安，容易妥协。善于发现有趣的事情，但耐心较差，敢于冒险，但有时较胆小。渴望浪漫的爱情，但对婚姻的要求比较现实，不善理财。

40～69分：性情温良，重友情，性格踏实稳重，但有时也比较狡黠。事业心一般，对本职工作能认真对待，但对自己专业以外的事物没有太大兴趣，喜欢有规律的工作和生活，不喜欢冒险，家庭观念强，比较善于理财。

# 第五章　关于人文素养教育的一般理解

随着时代的进步和文化观念的更新，我们生活的环境发生了很多变化，人们在物质生活层面得到较好满足的基础上，对精神文化生活有了更多的追求，因此，在多种社会因素影响下，我们能感受到人们的人文素养在不断地提升。

从历史的角度看，人文素养是人们持续关注的话题，受中国传统儒家文化的影响，人们重视道德和品行，而道德离不开对知识的不断学习和深入体悟。在中国几千年的教育历史中，人们始终在追求一种"仁"性。"仁"性讲求内在的涵养知识和外在的行为显现，重视知与行的和谐统一。总体来说，人们在追求一种内在或外在的道德性，这是中国人眼里的真、善、美的统一。随着现代西方文化逐步融入中国文化，我们对知识的理解更加离不开理性的思考，人文素养作为一个更加广义的说法越来越受到人们的关注。

在"人之为人"这一问题上，尚没有一种方式能取代人文教育，而对于"什么是人文教育""其实质是什么"的理解，却是众说纷纭。有鉴于此，本章拟对人文教育做粗浅的梳理和分析，轻拨人文教育之琴弦，静品人文教育之神韵。

## 第一节　人文教育的内涵

人文教育并非由"人文"一词而来，但人文教育却体现着教育的"人文"价值追求。人文，作为人类文化的一种基因，作为一种朴素的知识和意识，古已有之。

"人文"一词，最早来源于拉丁文"Humanitas"，意思指人性、教养。

在古代汉语词汇里"人文"一词有三个基本含义：第一，与"天文"相对，指诗、书、礼、乐等以人自身为观察和思考对象的文明或文化内容，《周易·贲卦·彖辞》的象辞上云："刚柔交错，天文也；文明以止，人文也。观乎天文，以察时变；观乎人文，以化成天下。"这里的"人文"是与包括自然现象及其变化规律在内的"天文"相对应的，反映了人文与天文所指的对象不同，人文是教化天下的理论和思想。第二，泛指人伦之事，《后汉书·公孙瓒传论》有云："舍诸天运，征乎人文。"其意指凡事不依赖于天运，而致力于人事。第三，与人道相通，指为人之道或道德规范。正如宋代程颐所释："天文，天之理也；人文，人之道也。天文，谓日月星辰之错列，寒暑阴阳之代变，观其运行，以察四时之速改也。人文，人理之伦序，观人文以教化天下，天下成其礼俗，乃圣人用责之道也。"这里所言"人文"，大体指的是社会中以人为主体的道德伦理和礼法制度。这是从狭义上来讲，如果从广义上理解，就是《辞源》和《辞海》的解释："'人文'泛指人类社会各种文化现象。"

由于"人文"一词内涵的不确定性，在当今教育理论界，对人文教育的理解也见仁见智。有学者认为"人文教育"就是指文学、史学、哲学基础学科以及语言和艺术学科的教育；有的认为"人文教育，就是人性化教育，是通过人文的濡染与涵化，从而使人学会做人的教育形式"；有的认为"人文就是人心，人文教育就是人心教育"；有的认为人文教育是关于"成人"的教育，它的实质是人性教育，核心是涵养人文精神，其核心学科是文、史、哲、艺等人文类学科；有的认为，"人文教育是指弘扬人性，强调人文精神的教育"。由于论者立论基点不同，理解自然会有分歧。但追本溯源，考证"人文教育"一词的使用背景，肯定会有助于我们对其进行深入的理解。

对"人文教育"一词的广泛使用是在 1995 年人文精神讨论高潮之后，当时文学领域、哲学领域、教育领域都有感于经济转轨时期商业文化的迅速崛起诱发物质主义、功利主义的狂潮，导致道德滑坡、生态失衡，物质文明的发达掩盖了精神文明的苍白。反映到教育领域，教育的功利色彩日益浓厚，科学教育被放在重要的位置，教育的人文价值备受冷落。于是，关注于此的人士极力呼吁人文精神的重建与回归。其中，教育界以其独特的知行合一的风格，从理论到实践系统地参与到人文精神的讨论中来，讨论结果不约而同地聚焦于教育必须承担恪守与弘扬人文精神的使命。可见，"人文教育"一词的广泛使用与人文精神的讨论有关。正是有感于全球问题的激化给人类带来的危害，社会模式的嬗变对人类发展的挑战、科学至上的教育价值观对人格塑造的阻碍，教育领域因此强化了对人文教育的研究，以期通过人文教育来恢复人性，革新人的精神，解决现实领域中人的问题。从这个意义上说，人文教育是人性的教育，是陶冶人文素养、涵养与凝练人文精神的教育。人文精神是人文教育的灵魂，它决定了人文教育的使命和目标追求。没有人文精神，人文教育就没有灵魂，就会流于形式，成为徒有其表的教育。人文教育的本质应是人文精神的培养，以及培养过程中人文精神的体现。"达不到精神层次的人文教育就不是真正意义上的人文教育，人文教育的实质是精神性、智慧性的。""好"的人文教育应该体现这种精神追求。

## 一、人文素养的含义

人们习惯于将科学知识分为两大类，即人文社会科学知识和自然科学知识，并在此基础上将人文素养和自然科学素养进行区分。"人文素养"是"人文社会科学知识与素养"的简称，主要是指人们对人文社会科学知识、方法、思想和精神的认识、理解与掌握，以及在此基础上形成的价值取向与社会践行能力。人文素养是科学素养的重要组成部分。人文社会科学知识包括政治学、经济学、历史学、哲学、文学、法学等知识，而"人文素养"这个词语更多地与文化、情怀、情感等联系在一起，具有感性的文化色彩，对经济发展与社会和谐稳定发挥着至关重要的作用。

人文素养没有一定的严格的量化评价标准，往往是以人们的外在行为是否合乎社会普遍道德与文化共识为标准，而社会普遍道德标准与文化共识在一定程度上就是被社会大众所普遍接受的价值取向和主流文化。这种普遍的道德标准与文化共识是历史发展的产物，并不会因为某个人而发生大的变化。每个个体作为社会群体的组成部分，其行为都具有一定的价值体现和社会意义。因此在社会实践活动中，我们既参与到社会普遍道德标准的制定与文化共识形成，同时又受到它的评价和制约。

社会普遍道德标准与文化共识在特定时期受政治、经济、文化等多种因素的影响。社会主义核心价值观包括个人、社会、国家三个层面的内容，体现了中国共产党作为执政党，始终代表着最广大人民的根本利益。这种价值观念的引导力量会潜移默化地影响社会中每一个人的行为，促进社会的稳定与和谐，在一定程度上对社会普遍认可的道德标准与文化共识起到加强和巩固的作用。无论如何，只要是合乎真、善、美的价值导向和基于优秀传统文化与新时代伟大实践达成的文化共识，始终都会被社会大众所接受和提倡。

人文素养的提升离不开学校教育和社会道德教化。相对于社会力量而言，学校教育对于人文素养的提高做出了基础性的贡献。学校教育具有独特的优越性，儿童从幼年开始接受"人之初,性本善"的启蒙思想教育，把中国优秀传统文化中的"仁、义、礼、智、信"传承下来。儿童在接受新知识和新事物的同时，通过道德教育来树立正确的世界观、人生观、价值观，提高辨别是非和独立思考的能力，这样的学校教育贯穿于儿童的整个学习阶段，对于未成年人树立良好的道德观念具有潜移默化的作用。但是，在复杂的社会大环境下，学校教育下形成的道德观会发生变化，总体来说会出现两种趋势：一种趋势表现为坚守道德，在自我道德评判标准的基础上，对社会存在的道德事件进行了解、分析和评价，并适当地改变自我道德观念，承认或者认可社会事件本身的合理性和道德性，以此顺应时代发展潮流下的新变化；另一种趋势表现为受社会大环境的影响，原有的道德底线丧失或动摇，在人云亦云中出现道德评判标准的扭曲，存在这种趋势的人往往在学校教育阶段未形成系统或明确的道德标准，在社会舆论影响下，缺少原则性和思想独立性。

思想道德教育是以外在的力量对个体产生影响，人文素养的教育性还体现在自我教育上。当个体具有独立学习和判断能力的时候，可以通过自我反省和自我学习来进行自我思想道德教育，通过对具体理论知识的学习和实践，形成对外在环境和社会道德的认知，这种自我教育往往更具有持久性和原则性。因此，在文化积累基础上体现出的人文素养也更具有全面性和说服性。

一个人文素养很高的人往往具有比较深厚的文化知识，但是具有丰富文化知识的人并不一定具有较高的人文素养。人文素养与个人文化知识的丰富程度并不存在绝对相对关系，一个对文学知识或者历史知识掌握程度较高的人，在公共道德和生活观念上可能不如那些知识相对缺乏的人，因为人文素养的高低也会受到其他因素的影响，而非仅仅受到知识的限制。

## 二、人文素养的评价以及五个维度

人是群体性动物，在社会交往中往往会对外在环境和事物做出反应，其中就包括对周围人的行为的评价。人的行为往往与他成长的环境有着密切的关系，不同环境下所形成的道德行为和习惯在交往中会显现出来，并在交往中被人评判。评判和被评判的过程是人文素养在实践中得以检验和培育的过程。在生活中，我们经常会听到有人议论一些社会事件，但事实上并非人人都会从道德、法律、社会、文化等角度对事件本身进行客观的分析，这实际上关乎一个人的人文素养状况。人文素养高的人更爱憎分明，更具人文关怀，所以，人文素养状况影响道德评价的问题在日常生活中是比较常见的。

　　我们对人文素养的评价主要从人文社会科学知识、方法、思想和精神以及人文素养的社会践行力五个维度来考察。其中人文知识和人文思想是基础，只有具备了一定的人文知识，并在此基础上进行思考，才能产生人文思想。人文思想是人脑进行思维的产物，在不断的思维过程中，人文思想不断内化为人的精神，潜移默化地影响着人的外在行为，体现着一个人的人文素养。人文素养是知识内化的产物，它无时无刻不在影响着人的思维、动作、情感和价值评判标准，在社会实践活动中借助一定的人文方法显现出来，对社会群体和个人产生影响。

## （一）人文知识

　　《辞海》中云："人文指人类社会的各种文化现象。"文化是人类或者一个民族、一个群体共同具有的符号、价值观及规范。我们所讲的人文，核心是指先进的价值观，主要内容则是指先进的规范，其中包括先进的法律、制度、道德和行为习惯的规范。人文是重视人的文化，人是文化创造的主体。离开人本身，文化也就没有意义。人文知识是人类文化中优秀的、先进的、科学的文化，它重视人的情感表达，尊重人的意愿，是人类精神和意志的呈现。

　　人文知识是社会历史发展过程中历史文化沉淀的精华，是人类精神生活领域的产物，这些人文知识包含文学、艺术、美学、教育、哲学、国学、历史、社会等。其中人文知识的不同类别之间是相互联系又相互区别的。

　　人文知识的保存和传播往往借助于文字、书籍和技艺等形式，并且由于传播和保留的形式单一，很多人文知识精华在传承中遗失了，这是历史发展中必须要考虑的风险因素。但是随着信息技术和互联网技术的发展，现代社会中人文知识的传播途径多种多样（包括视频、书籍、报纸、杂志、展览、广播、课堂等），人文知识也得到了更多地传播。很多人通过学校教育集中学习了一些人文知识，在踏上社会后更多的是自我学习，他们通过多种方式获取人文知识，比如在书店里买一些人文社会科学方面的书籍，在节假日去一些人文景点，或者进行实地调查和分析。不同的人群对人文知识的学习兴趣和精力投入是不同的，这可能会受到性别、年龄、职业、文化程度、专业背景、月收入等现实因素的影响。但总体来说，人们对人文知识的兴趣是很大的，只是这种对人文知识的需求会随着社会发展而发生变化，社会生活和工作情况的变化使得他们在知识需求方面更讲求实际能力的提升。多数情况下，人们对经济和法律知识的需求往往要高于对文、史、哲、艺等知识的需求。

人文知识的学习是提升自我能力的重要基础。不同时代的经典文化汇聚成了知识的宝库，我们对于人文知识的学习就是穿梭于历史长河中采撷优秀的精神文化成果，不断丰富自身的知识储备。人文知识的积累过程是一个缓慢而有意义的过程，它会潜移默化地影响一个人的精神风貌和形象气质，我们通过学习人文知识，将知识内化为自身的知识涵养，形成独立思考的能力。知识的力量对于人的情感支撑作用也是不容忽视的。一个具有丰富人文知识的人在遭遇挫折和困难时，一般具有强大的自我排解和自我劝导的能力。

学习人文知识是提升社会整体知识水平的重要方式。社会群体是由众多个体组成的，个人人文知识的丰富程度在一定意义上不会对社会整体知识水平产生很大的影响，但是当每一个个体的人文知识水平都得到普遍提高时，社会整体知识水平就会提升。学习人文知识是个体自我完善的过程，所以，社会整体知识水平的提高需要个体的努力。

学习人文知识是提高人文素养、促进社会稳定和谐的必由之路。无论是接受学校教育还是接受社会教育，人文知识无时无刻不在影响着我们的生活和工作，只有在学习一定的人文知识之后，我们才有知识和能力去分析、处理社会问题，人文知识给我们提供了处理问题的思路和方法，从情感出发，带给人们更多精神生活领域的感悟，使人们注重情感的沟通和维系，在人与人的交流中创造一个相对和谐的文化环境。

人文知识与社会的关系是非常密切的，我们不能将人文知识与社会脱离开来，我们应该将人文知识与社会更好地结合起来，充分发挥人文知识对社会稳定的积极作用，不断提高人们的生活质量和幸福指数，通过大家的共同努力，使社会整体人文素养得到提高。

## （二）人文方法

随着现代科学的发展，新技术革命为人文社会科学的研究提供了新的方法和手段，人文社会科学与自然科学的联系也越来越密切，相互渗透、相互联系的关系日益加强。人类是能够进行理性思考的动物，在进行创造和思考时往往要借助于一定的方法。"工欲善其事，必先利其器"，只有掌握了方法和工具，才能进行科学的研究。

我们对于一般问题的研究往往是提出问题,然后对问题进行分析,通过理论与实践相结合来探索答案与真理,最终得出结论,并且再提出新的问题。如此,我们对于问题的研究也就更加深入和细化。

对人文知识的研究主要运用意义分析和解释的方法来验证人的观念、精神、情感和价值等。人文知识受到历史条件的制约,所以对人文知识的理解和解释,往往需要将其置于原生背景中,但是受到历史文化认知的影响,我们无法完全理解人文知识的意义。人文知识是人的文化知识,人本身具有复杂性和独特性。在一般情况下,人的知识与美德是不分离的,在人的意识和精神研究中,还存在着很多无法被人解释的意义,所以,无法通过具体的实证研究和现实观照来检验人文知识,因而人文知识本身具有模糊性的意义。比如,诗歌是最难被人诠释的,作者在创作诗歌时,表达的情感是丰富的,而读者在理解诗歌时往往会把诗歌的原意单一化,可以说"只可意会不可言传"的艺术作品都具有同样的特点。所以在研究这些人文知识时,研究者多半是从意义本身出发,通过分析和解释来诠释作品的意境之美。

另外,在对人文知识进行研究时,还可以从理论性研究和应用性研究两个角度出发。理论性研究是基础性研究,是任何学科必不可少的,它的目的是拓展人们的认知,揭示某种社会现象的本质及其规律,理论性研究的过程也是不断验证并丰富以往理论成果的过程。一般情况下,它需要具有明确的研究假设,在检验假设中发展理论。应用性研究指的是以提出解决某种社会问题的具体方案而进行的调查研究,具有明确的应用目的,通过搜集必要的信息得出解决问题的有效措施和方案。理论性研究是基础,应用性研究往往离不开理论性研究的支持;而应用性研究可以在某些方面对发展新的理论做出贡献,这两者密切相关,都是人文社会科学研究中必不可少的研究方法。抽样法、文献法、调查法、实地法和比较法等都是人文社会科学研究中比较常用的方法。

只有掌握和运用一定的研究方法,我们才能对人文知识进行更全面的学习和研究。在社会实践活动中,方法往往起着重要的引导作用,人文素养是人们精神和意识的体现,所以,人文素养的形成和运用都离不开科学的方法。

### (三)人文思想

人文思想的现实观照起源于欧洲文艺复兴时期,也可称为"人文主义"。从内涵上讲,人文思想作为人类自我意识觉醒后的产物,是人作为独立的理性个体反对神权的有力武器。人文思想以深厚的历史文化思想为基础和支撑，从人的角度出发，重视人权，尊重人的思想和意志，关怀人的精神，使人之所以为人的情感、意念和地位得到尊重和提高。

人文思想的表现形式多样，反映一个人的人文思想的可以是语言、文字、表情和文学艺术作品等，文学艺术作品是人文思想的精华。文学艺术作品体现了一个人思想的高度凝练和升华，并且，人文思想是动态的变化过程，通过文学艺术作品，一个人的思想和情感可以得到更好的表达。

人的思想对人的行为具有绝对的主导权，人类的行为往往受到思想的指导，所以我们可以通过分析具体事件，了解行为主体的思想状况，甚至可以用经验来思考影响行为主体的人文思想状况。因此，很多人会通过社会实践来认知世界，通过观察和分析，洞察外在事物的规律性和偶然性，形成一套行之有效的经验性评价系统。

人文思想是人们对人文知识在认知后的内化结果，是人类思维的重要反映，它通常依附于具体的实践活动而获得人文情感价值，所以对于人文思想而言，不能以定量的方法来做研究和检验。

人文素养的提升与人文思想有很大的关系，我们不难发现，生活中具有一定人文思想的人，其人文素养也很好。对于一个人的认知不仅仅是通过视觉等感官来进行的，还要进行更加理性的分析，通过了解一个人的行为，来感受他的思想和境界。当然，我们在对别人进行这样的认知时，必须对自我认知能力提出更高的要求，只能在自我认知能力达到一定的高度后，我们对事物的认知才能更深入和客观，这是经验的积累和理论的实践相结合的过程。

### （四）人文精神

#### 1. 人文精神分析

20 世纪 90 年代在我国掀起的"人文精神大讨论"热潮中便对此问题进行过深入探讨，但结论莫衷一是。有人认为"'人文精神'是对'人'的存在的思考，是对'人'的价值、'人'的生存意义的关注，是对人类命运、人类的痛苦与解脱的思考与探索"。有人认为"人文精神是对人性——人类对于真、善、美的永恒追求——的展现"。有人认为"'人文精神'的基本内涵是要自觉地坚持和弘扬人的精神主体性，肯定人的价值，提升人的品位"。有人认为"人文精神的实质和核心，是强调'人之所以为人……'"。

有人认为"人文精神应该看成是一种建基于对人之为人的哲学反思之上的批判态度和批判精神"。有人强调人文精神的超越性，认为"人文精神属于人的'终极关怀'，显示了人的终极价值"。有人强调"人文精神的实质是关怀现实的，是现实性的精神追求，是'入世'的而不是'彼岸'的。人文精神关怀的中心是现实生活中人的身心全面价值的实现，而且通过文化的建设与创造来加以实现。"

以上对人文精神的理解属于抽象的形式的层面，但人文精神是一个不断进化发展的历史范畴，有其不同的历史形态，其具体的历史的内涵要置于一定的文化共同体、一定的历史阶段中才能得到揭示。

就西方文化而言，人文精神是通过不同时期的人道主义理想、人文主义思想文化运动以及人本主义哲学思潮表达出来。其集中体现在人类所经历的三次解放上：人类的第一次解放是从蒙昧原始状态进入文明社会，通过否定野蛮而进入文雅。其思想成果体现在古希腊的自然哲学向人本哲学的转化上。人类的第二次解放是从宗教神学的统治下解脱，进入尘世、现世生活，通过否定神性而弘扬人性。其思想成果体现在"文艺复兴"人文主义思想文化运动上。人类目前正经历第三次解放，即从极端片面发展的工业文明中解放出来、从物质主义的统治中走出来，进入物质与精神、灵与肉和谐发展的境界。这方面的思想成果体现在对科学人文主义的呼唤上。综观三次思想解放的成果，可以发现，西方人文精神是一种以个人主义、人的主体性为基础的自由、民主精神。

中国人文精神赖以生存的基础与语境迥然不同于西方，它植根于农耕文明，其生长脉络具有一脉相承、横亘古今的特点。兼收佛、道之精髓，并以儒家为主体的中国传统文化，其人文精神意蕴主要体现在三个方面：在人与自然的关系上，顺自然而以人为本；在人与社会的关系上，循人伦而以和为本；在人与自我的关系上，重体验而以乐为本。中国近代人文精神的转型以鸦片战争为标志。西方列强的坚船利炮惊醒了沉睡中的雄狮，西方近代科学与民主思想涌入华夏大地，强烈冲击着传统思想文化体系，有志之士批判性地继承与吸收中西文化，从而实现了中华传统人文精神的近代转换，以民主、独立、自由、平等为中心内容的新的人文精神日益深入人心，而传统人文精神却日渐消隐。改革开放以来，市场经济大潮下实利主义的泛滥、现代社会各种思潮的冲击，都侵蚀着中国人文精神。寻求精神资源，找回丢失的文化传统，正日益成为我们遏制不住的群体冲动。在这个新的历史背景下，人文精神更明确地趋向体现全人类利益、共同的价值观及对人类命运终极关怀的"人类精神"。

人文精神是人类的自我关怀，是人文思想的高度升华，展现出一个人的内在品质和外在气质。它表现为对人的尊严、价值、命运的维护、追求和关切，高度珍视人类传承下来的各种优秀的精神文化，肯定和塑造着一种全面发展的理想人格。狭义的人文精神是指源于文艺复兴时期的一种人文思潮，其核心思想是以人为本，重视人的价值，反对神学对人性的压抑；张扬人的理性，反对神学对理性的贬低；主张灵肉和谐、立足于尘世生活的超越性精神追求，反对神学的灵肉对立及其对尘世生活的否定。广义的人文精神具有一种重视人本身、重视人的精神价值的普遍意义。

人文精神是对人的价值的追求，它贯穿于人们的思维与言行中，表现为一个人的信仰、理想、价值取向、人文模式、审美情趣等，它是一个人、一个民族、一种文化活动的内在灵魂与生命。人文精神与科学精神不矛盾，它肯定人的价值，促进人的进步、发展和完善。人文精神关注人生的真谛和人类的命运，高扬人的个性和主体精神，追求自由、平等、尊严、理想、信仰等，探索生命、死亡和生存的意义。

人文精神是精神文明建设的重要内容，是一个国家文化软实力的重要体现。精神文明建设重视人的精神修养和文明程度，精神的力量往往比物质力量更具有不可替代性，精神的力量是强大无比的。但是，由于我们的生活节奏很快，往往承受着很大的生存和生活压力，物质条件的满足是人们生活实践的首要任务，造成了很多价值问题，有些人"权本位""钱本位"思想比较严重，甚至深陷其中不能自拔。在追求物质文明的过程中出现的道德观念缺失、信仰丧失等，需要我们每个人保持警醒。

人文精神的核心是人。人是万物之灵，是人类文明的创造者，是区别于其他生物的独特群体。在人类文明发展史上，人类是智慧的象征，人文精神在历史的发展中展示着强大的生命力和创造力。其中，人的独特性在于人能够根据自己的思考和能力进行个性化地创造，不仅产生了为人类自己所惊叹的建筑、艺术、文学、雕塑、音乐、绘画等作品，而且随着工业时代的到来，人类创造出了机器、计算机，随着智能时代的到来，创造出了具有智能意义的机器人，这些人类奇迹均建立在以人为主体的生产实践活动的基础上。正是以人为主体，人类活动才不仅仅局限在物质创造上，还在政治建设、经济建设、文化建设、生态建设、文明建设等方面产生了成效。为了让人类生活的世界更加舒适、和谐，人类制定了一系列的政治、经济、文化、教育、卫生等制度，以便进行管理和提供服务。一方面人类通过生产活动制造了生活所需要的物质，创造了能够满足人类精神需要的作品和文化环境；另一方面当人类在发展中忽视自然的力量而遭到自然的报复后，人类为了自我的可持续发展，开始重视保护自然环境，创造人与自然和谐发展的生态文化。

2. 当代人文精神的具体内涵

人文精神无论是作为一种"彼岸"的精神，还是一种"入世"的精神，究其根源，有一个中心问题，即做人之道。人文精神因时代不同而内涵各异，与传统人文精神受宗教或迷信禁锢不同，当代人文精神被物质的物性羁绊，所面对的"敌人"是全球一体化时代片面发展的科学技术、机器工业和物质文明及其对人、对人性的压抑，是"理智一元论""科技一层论"。因此，我们需要什么样的人文精神已经成为一个现实的迫在眉睫的问题。当代中国人文精神应更明确地包含以下几方面的要素：

其一，人格、个性。

对人的关注，也是当代人文精神构建中无可置疑的出发点。审视今天"人"的现实：一方面，在机器工业的高度发展下，人被异化为机器的附庸和奴隶，成为生产流水线上的一个环节；另一方面，在庸俗唯物主义的引诱下，人被物化成没有理性、人性、正义的"空心人"，人的"主体"成了物的"客体"，人被同化为千篇一律的某一类人，是群体本位的抽象物，只有社会角色意识而无个体性硬核，"个人"被矮化或是被扭曲。这就意味着，在多样化、个性化的信息时代，当代人文精神担负着解放、高扬人的主体意识，尊重个体人格价值，倡导个性发展的使命与责任。具体实践中，社会、企业、学校与家庭都需为健康人格的塑造、人的自由而全面的发展、人的个性和才能的自由发挥创造条件、构建平台。

其二，科学、真理、理性。

当今世界，若为现代人，科学不可排除其外。表面上，科学求真，推崇理性至上，解决对客观世界及其规律的认识问题；而人文求善，解决精神世界的认识问题。两者在关注对象、认知方法、思维方式、价值取向等方面各有自己的阿基米德支点。但实际上，科学也是人的精神的某个方面，即它是属于人文精神的，它是人文精神在科学领域的表现。"精神毕竟是人文的，是人主观上的，是人的一种执着追求，是人的一种高尚境界。科学精神就是求真的人文精神。"但是，对科学精神的过分推崇，会导致对"人"的主体性价值的忽视，人非"人"，又有何精神可言？但如果对人文精神极端膜拜，以价值关怀取代事实雄辩，把求真消解于向善之中，无疑又会使人文精神淹没在神秘主义和信仰主义中。因此，今天倡导的人文精神应包含科学理性，如此方可互为牵制，互策互动，同芳共荣，共同走向健康发展的人类文明。

其三，责任、使命、道德。

责任、使命、道德产生于社会关系中的相互承诺，共生性的社会关系构成人为责任人、使命人、道德人的客观基础。责任意识、使命感、道德性本是人生存于世拥有的价值取向、理性自觉，而不是外在设定的规范。然而，纵观五花八门的社会关系，无论是组织与个人之间的关系，还是富人与穷人之间的关系，甚至是国家与国家之间的关系，几乎都在交易或买卖之中。市场的等价交换原则逐渐取代了道德规范、责任使命而成为人们行为的根本甚至唯一准则。责任、使命、道德沦为昂贵的奢侈品，甚至是获取非法利益的借口。有鉴于此，当今社会应倡导以责任、使命与道德为内在要素，诸如"民吾同胞，物吾与也""天下兴亡，匹夫有责""为天地立心，为生民立命，为往圣继绝学，为万世开天平""己所不欲，勿施于人""己欲立而立人，己欲达而达人"的人文精神，教育学生，为学之际，当须知书籍之外，正有莫大之事业在。

其四，传承、创新、合作。

科技时代的显著特点是"速度"，它割断了今天与昨天、现在与过去的历史联系，导致我们的生活和思维模式似乎只有一个今天和现时。然而，"今天"是从"昨天"走过，历史需要传承。所以，当今的人文精神强调尊重历史与传统，当然是继承传统而不是囿于传统。社会需要发展，历史必须前进，这就要求我们必须敢于创新，无创新则无进步。于是，敢于标新立异的创新精神理所当然成为当代人文精神的要素之一。然而，无论传承还是创新，都非一人之力可以完成，凡事业，必借群策群力方可成功。合作顺理成章地也成为时代的精神。人类在世间，非传承不足以自存、非创新不足以进步、非合群不足以强大，此乃至明之理。

其五，生态、和谐、发展。

现代社会发展与繁荣的背后潜隐并伴随着"经济发展一元论""技术万能论"的价值陷阱，单纯追求经济高增长的指标，迷信技术创造的"奇迹"，以致人居环境、精神文化生活等的发展相对滞后甚至被践踏。自然——人——社会本是一个共存、共生、共荣、共同发展的有机体，从某个方面而言，整部人类史就是人与自然、人与社会、人与人乃至人与自身相抗争的历史，同时也是消除冲突，追逐和谐、发展的奋斗史。因此，我们始终要清醒地意识到：新时期推进生态文明、和谐环境建设，需要以人文价值的"生态、和谐、发展共振"的文化理念贯通于经济和社会发展的共生互动、自我生长的过程中，并使其观念化、行动化。

"中国当代人文精神以现实的个人为出发点，以正确把握现代性为核心，以理性为基础。"在全球化背景下，以科学方法构建社会人文精神的整体建构，这与教育息息相关，人文教化是人文精神的实践层面，教育使人文精神从精神层面的抽象形式贯注到具体的个人，在其思想和行为中具体地体现出来。教育，尤其是人文教育理当成为人文精神培植的根本途径。同时，人文教育的发展也需要中国当代人文精神的引导。

### （五）人文素养的社会践行力

人文素养是人文科学的研究能力、知识水平及其体现出来的人本精神，是人的内在品质。这里"人文"是指众多人文学科，"素养"是指人的精神，是人的一种能力，其中精神是人文素养的灵魂，它的核心就是对人类生存意义和价值的关怀，是一种价值观和人生哲学。我们所说的科学精神、艺术精神和道德精神都包含在人文素养之中，人文素养所追求的是一种真、善、美的至高境界，它尊重人的感性意识、情感、想象力等，主张思想的高度自由和人类个性解放，实现自由和美好的人类生活。

现实生活中，我们往往把人文素养与人文精神、人文思想等同使用，实际上它们之间还是有一定区别的。人文素养是一种精神，同时也是一种能力；人文思想强调的是具有某种精神内核的带有体系化特征的理论观点。人文素养践行力是一种践行人文知识和人文思想的能力，是在人文精神驱动下的人的行为能力。人的思想或精神通过具体事物反映在生活实践上，也正是生活实践为我们的思维活动提供了再创造的环境和动力。

提高人文素养的社会践行力，是城市文化建设的重要路径，也是精神文明建设的时代要求。由于道德缺失、价值观沦丧引起的社会事件频发，因此人文素养和价值观念问题已经引起社会的高度重视，特别是这类问题随着社会舆论的传播往往会对文化建设产生很大的阻力，因此，推动人文素养的提升势在必行。

由于人文素养的核心是人，因此提高人文素养践行力要重视人本身的内在力量，即人的自我学习和自我反省的能力。首先要重视人文社会科学理论知识的学习和反思，不断提升自我综合能力；其次要重视在社会实践活动中的知识学习和应用，在实践中全面提高人的综合素质和践行能力。学习的过程是知识积累的过程，反思的过程是知识内化和升华的过程，深层次的学习需要人的大脑对浅层知识进行反思和整合，形成属于自己的具有创新性意义的思想。只有这样的学习过程才能在实质上提升人文素养，同时也为人文素养的社会践行力提供坚实的知识保障。

另外，人文素养的社会践行力是在社会实践中实现的，因而提高人文素养的社会践行力要关注社会环境的影响。社会是一个错综复杂的整体，个体是社会群体的组成部分，社会环境对人文素养的形成发挥着重要作用。人与人、人与社会之间的交流和沟通是以社会环境中的客体对象为媒介的，因而了解社会是我们对不同社会现象做出合理反应的前提条件。事实上，由于受到社会条件的限制，我们对人文知识的学习和理解往往具有片面性，比如我们不能仅仅通过一个人的偶然行为就简单地去评价这个人的人文素养和道德水准。

从人文素养和实践的关系来看，人文素养通过实践得以反映，好的实践行为能提升一个人的人文素养；相反，坏的行为就不利于人文素养的提升。所以实践是人与社会沟通的重要桥梁和纽带，在一定条件下，人文素养的提升更多的是通过实践活动来实现的。

# 第二节 人文教育观念

以人文精神为旨归的人文教育，虽然历经变迁，却有一些核心观念卓然凸现，区别于其他教育思潮和教育实践。人文教育的观念从下述几个向度呈现该理论的精髓要义：第一，以人为本的教育观；第二，完满向善的人性观；第三，关注精神与价值的人文课程观；第四，非强制性的教学方法观；第五，知行统一的过程观；第六，潜移默化的效用观。

## 一、以人为本的教育观

本立而道生。"以人为本"的教育观念主张的是从教育内部去考察教育的本质，去揭示教育的特点与规律，肯定教育就是发现人的价值，发挥人的潜能，发展人的个性，最大限度地实现人的价值和自由。

纵观历史，无论西方还是中国的人文教育家，无不强调"以人为本"乃教育之基本理念和价值取向。儒家学派的创始人孔子倡导"有教无类"和"因材施教"，将"学在官府"下移至"学在私学"。他推崇的是，学生无论贵贱，不论品行高低，均可接受教育，这正是对其时教育乃"贵族教育"观念的突破。宋明理学集大成者朱熹，要求书院把德育放在首位，"学校之正，不患法制之不胜，而患理义不足悦其心"，此举抨击了当时功利主义的学校教育对学生心性的遮蔽。近现代著名教育家蔡元培，认为"教育者，养成人格之事业也"，不可将学校视为贩卖知识之所。他提出五育并举的教育方针，推崇新教育的原则，认为"与其守成法，毋宁尚自然，与其求划一，毋宁展个性"。古希腊教育思想的集大成者亚里士多德，提出文雅教育和闲暇教育，其目的就在于使教育服务于人而不是服务于实利。永恒主义教育流派代表人物赫钦斯，极力批判现代教育的职业化、非人化倾向，将大学教育的终极理想确定为智慧和至善。他认为，大学的教育目标，不应只着眼于"人力"，而应着眼于"人性"，培养有学识、有智慧、止于至善的人，表现出更深刻的人性觉醒。

## 二、完满向善的人性观

教育以人性假设为前提，不同的人性假设会得出不同的教育理念和方法。历史上，许多杰出的思想家都探讨过人性论与教育的关系，并提出了基于一定的人性论的教育观，大致有以下三种：性善论决定保护主义教育观；性恶论决定改造主义教育观；辩证唯物主义人性论决定科学教育观。以人为对象与目的的人文教育认为：

### （一）人性是完满的

人是一个整体，牵一发而动全身，人文教育的理想就是实现人性的完整。完整的人"不仅指在身体、精神、理智、情感、情绪和感觉诸方面的有机整体性，而且指在有机协调的内部关系和外部世界的联系方面也达到了和谐一致。因此，整体的人格包括人内部的整合和人的内部与外部世界的整合两方面。人的内部整体则表现为思想、智力、情感、感觉等方面的一体化联系"。《学会生存——教育世界的今天和明天》也指出："把一个人在体力、智力、情感、伦理各个方面的因素综合起来，使其成为一个完善的人，这是对教育基本目的的一个广泛的界说……它一直是各个时代的人道主义思潮的一个根本主体。"[①] 人文教育的历史进程体现了教育摆脱抽象化、工具化、功利化，追求人的完整性的努力尝试。

---

① 联合国教科文组织国际教育发展委员会. 学会生存 教育世界的今天和明天 [M]. 华东师范大学比较教育研究所译. 北京：教育科学出版社，1996.

"完整"是从整体框架而言的，就内容而言，人性的完满还应该包括积极内容的充实。好比人的身体，不是有手有脚、五官俱在就是完满的人，还要手能动、脚能走、五官能各尽其性。也就是说，人性完整的同时也应是丰满的，而不是萎缩干瘪的。丰满的人性需要教育在完整人性的基础上"乘胜追击"，将整体人的有机部分打磨、锤炼到圆满充盈的境界，以此获得丰满、完整的人性。

### （二）人性是向善的

人文教育对于人的理解所持的信念，除以上对人性的事实理解外，更注重对人性的价值判断。人文教育将"人性向善"这一价值预设作为其教育信念确立的基础与前提。不同于"人性本善"，"人性向善"不是一个需要去证明的事实，而是一种价值承诺，一种有待实践的理想。人性向善，"向"字是关键，它是一种理想，也是一种高度的超越。

向善是一种最本质、最人性的道德诉求，包含着克己、为人、真诚、尊重、理解、宽容、奉献、正直、勇敢等多方面的价值取向。早在古希腊时期，苏格拉底就建立起了西方哲学史上第一个比较完整的人生境界学说，其中"善"被他视为一切行为的目的、最高的道德价值乃至人生的最高境界。在他看来，通向至善之境的入口是"认识你自己"。教育的根本使命就是要帮助人去听从自己最高层的本性——善的召唤，努力"认识自己"而修成正果。英国哲学家罗素也说："在一切道德品质之中，向善的本性是最重要的。"[1] 他认为人只有通过教育才能成其为人，教育之于人而言，是人性拓展和升华的天梯和大道。自此之后，几乎所有的人文主义教育观都是基于人性向善的观念来谈教育的。中国明代王阳明也提出："天地虽大，但有一念向善，心存良知，虽凡夫俗子，皆可为圣贤……"[2] 中国著名哲学家冯友兰也将人生分为四个境界：自然境界、功利境界、道德境界、天地境界。比较四种境界，自然境界是求本能的善，功利境界是求个体的善，道德境界是求社会的善，天地境界是求宇宙的善。所以，天地境界是至善境界，是人之所"向"的理想人格。[3] 人文教育就是要使人达到这样的一种"赞天地之化育""与天地参"的人生境界。

需要明确的是，"人性向善"并非要造就不食人间烟火的彼岸世界的"神"，其目标投向的是人的现实意义和价值创造的生活世界、人文世界，这就决定了"人性向善"

① （英）罗素. 罗素论教育 [M]. 北京：人民教育出版社，2009.
② （明）王阳明；《线装经典》编委会编. 传习录 [M]. 昆明：云南人民出版社，2017.
③ （明）王阳明；《线装经典》编委会编. 传习录 [M]. 昆明：云南人民出版社，2017.

并没有去否定和背离身在其中的、现实的世俗生活，而是置身其中，体现在"人伦"与"日用"之中。这与中国传统教育不满足于"独善其身"，而是要"兼济天下"，以此"明明德""亲民""止于至善"的理念不谋而合。

## 三、关注精神与价值的人文课程观

"任何教育理论的最终落脚点都应该是课程，因为课程是实现教育目的的载体，是整个教育的'心脏'。"人文课程是人文教育的主要渠道和直接途径。人文教育课程观具有非功利性和超功利性，直接指向追求心灵自由和精神愉悦。人文教育在课程观上的总特征，可以概括为四点：第一，选择课程的依据在于对人生有无意义，而非职业的考虑，或实利的考虑；第二，课程知识的选择，倾向于人文学科；第三，课程内容具有浓厚的崇古特征；第四，课程组织缺乏严密的逻辑性。

考察古代课程设置历史，中国古代人文课程体系是以"明人伦"、教化天下为课程目标，以倡导人文精神的儒学经学课程为主体，以射、御、书、数等技能学科为两翼的课程体系。西方人文课程是以"自由人"为课程目标，以西方人文主义哲学为基础，以凸显课程中人的地位为基本立足点的课程。无论是中国古代的"六艺"课，还是西方古代的"七艺"课程，都被古人视为心性涵养之学。究其原因，此类课程本身就有内在的非功利价值，它不是为了谋生，不是为了有用，而是为了心智训练和人的精神成长。它带来的"不是给人实惠的技术之用，不是立竿见影的即时之用，不是御寒果饥的物质之用，而是让人丰富的充实之用，使人聪慧的永恒之用，令人高尚伟大的精神之用"。"专一追求有用，不能形成高尚自由之心灵"，而只有观照人生、关怀生命的课程才能如此。

旨在陶冶心性的人文课程观认为，课程内容应以关注人类价值和精神表现的人文学科为载体，因为"人文学科在诸学科中最直接关涉到人类对自身的反思。它包括诸如语言学、文学、古典学、历史学、文化人类学、哲学以及宗教等领域，这些学科使得我们得以某种个体的或相互交融的样式切入诸如表达、情感、传统、记忆、象征、思想和终极关怀等属于人类自身的方面。确然无疑，社会科学与自然科学的知识之于人类对自身的认识同样是不可或缺的，但是，人文学科却具有这样一种直接性，它特别地关系到人类对自身境遇的理解与颖悟"。① 可见，人文学科独特的研究对象、思维

---

① 杜维明. 人文学科与公众知识分子 [J]. 社会科学总论（人大复印），1999（2）：35-39.

模式和研究方法以及特别具有的批判精神对人的心灵的震撼，对人性的提升与人格的塑造，影响最为直接也最为深远。

人文教育在课程内容上具有浓厚的崇古性。这种"历史惯性"使传统人文课程从古至今在学校人文教育课程中处于统治地位。文艺复兴人文主义者崇拜西塞罗，新人文主义崇尚古希腊，永恒主义认为古典的学问是各门学科得以生长的土壤，现代人文主义者推崇人文学科、推崇历史。孔子尊崇周公，在课程设置上推崇西周"六艺"教育；西汉董仲舒"罢黜百家，独尊儒术"，宋理学家提倡求"圣人之意""性命道德之归"，力图重振儒家重人性的人文精神；明清提倡"明道救世"之学，但仍以周孔"六艺"之教为依托。但这种崇古绝非纯粹的"复古"，实则含有古为今用、托古改制的内涵。

人文教育的课程组织并非如科学教育的课程组织一样，仅仅依据知识的逻辑性和系统性操作，按照"标准化""形式化"的道路走，而是更多考虑学生的需要。比如人本主义者就提出课程人本化，即课程内容应建立在学生的需要、生长的自然模式和个性特征的基础上，应体现出思维、情感和行动之间的相互渗透和相互作用，应与学生的生长过程有机结合起来。为此，人本主义者在课程结构的组织上提出整合课程观：知识课程——理解和掌握自然科学、社会科学和人文科学知识的课程，旨在发展认知能力。情意课程——健康、伦理、游戏等，旨在发展包括情绪、态度、价值观等在内的非认知领域的课程。体验、整合课程——强调认知与情谊的整合，即把情感因素增添到常规课程中去，赋予课程内容以个人意义。

人文教育在教育教学方法上反对强制性的、规训式的、灌输式的教学方法，认为教学是一门艺术，是一种充满个性的活动，倡导走向着重对人生意义之"觉""悟体""察"的有亲切指导功能的柔性的、灵活的、非强制性的教学方法。

西方最早宣告教学过程中人文意识觉醒的是古希腊的苏格拉底，他采用的教学方法不是向学生直接传授各种具体知识，而是要求学生与教师共同谈论，互为启发，从而激发学生的积极思考和判断，共同去发现真理。[①] 这种方法体现了苏格拉底对学生主体精神、个体发展的重视和引导，这就是著名的"产婆术"。中国最早提出启发式教育的是孔子，他主要通过引起学生的类比联想引导学生创新思维，提高认知。"不愤不启，不悱不发，举一隅不以三隅反，则不复也"[②] 是启发式教育的精髓。苏格拉底、

① （美）弗罗斯特（Frost, S. E.）. 西方教育的历史和哲学基础 [M]. 吴元训等译. 北京：华夏出版社，1987.
② 《论语·述而》

孔子的教育教学理念一直影响着后世人文教育的实践。文艺复兴时期，人文主义教育家普遍反对经院主义中强调死记硬背、压制儿童个性的方法，要求在教育过程中注意激发儿童的兴趣。例如，维多里诺主张通过绘画而不是枯燥的文法规则进行语文教学；拉伯雷主张通过玩纸牌、投骰子来学习算术；伊拉斯谟提出运用游戏、故事、图画和实物来代替形式主义和教条主义的语言教学。"这种教育是这样的亲切、容易和使人高兴，好似不像个学者的学习，倒像一个国王的娱乐活动。17—20世纪的人文主义教学方法基本继承了文艺复兴时期教育方法的主旨。到20世纪中期，由于科学技术的发展使人的异化现象和精神危机日益严重，人文主义教育家试图通过课程教学对功利化和机械化社会造成的人生价值失落补偏救弊，其中最具代表性的是人本主义心理学家罗杰斯倡导的"非指导性教学"理论。这种教学是由教师提供材料、创造情境，学生通过自我反省活动及情感体验，在融洽的心理气氛中，自由地表现自我、认识自我，进而改变自我、实现自我的一种教学方式。"非指导性教学"不操纵学生，不打击学生的积极性，培养他们的独立性，要求师生共同参与到学习过程中去。

## 四、知行统一的过程观

通过人文教育涵养人文精神的过程是一个自我心灵解放、人性境界提升的内在生长和文化化成的过程，也是一个需要心灵体悟和自我实践修养的知行统一的过程，而不是一个知行脱节或者知而不行的过程。人文教育的过程，应是集"身"的行动、"脑"的认知、"心"的体悟于一体的过程。

从本体论视域看，"知""行"是人的存在方式；从方法论视域看，"知""行"也是我们理解人文世界的重要方式。但仅仅"知道"人文知识，还处于文饰而未内化阶段，并不能自然推导出德行之善。因此，"要真切把握住人文道理，就不能停留于一般意义的逻辑理解，而要特殊的心灵体认"。此即"体道"，"体道"为"德"，是认知本体对人文知识的具体实践和升华。对学生而言，人文教育的影响需要学生通过自己深刻的人生实践体验去沉淀、去感悟，如此，持久的价值取向和精神状态才能真正走进学生的内在精神世界，成为他们内在的自觉。"只有在体认层面上的深入才能使知识的积累变成融入身心的真实存在。"对于教师来说，"如果教师没有深刻的人文体认，教育过程缺乏对体认的引导和唤醒，不把体认作为人文教育效果的考察指标，人文教育在方法上就必然陷入根本的失误之中"。

早在古希腊时期，亚里士多德就批评那些空谈德行而不实践德行的人，"有些人什么合于德行的事都不做，而是躲避到有关德行的道理言谈之中，认为这就是哲学思考……像这样的哲学也不能改善灵魂"。① 因此，他强调动机与效果的统一、知与行的统一、主观与客观的统一。蒙田不主张学生过分依赖书本而成为书本的奴隶，要求学生多从生活中、从事实中学习，多行动，多实践。② 在中国，儒家强调道德修养落实到"行"，要言行一致，以"行"来检验"言"。《荀子·劝学》有云："君子之学也，入乎耳，箸乎心，布乎四体，形乎动静。端而言，蝡而动，一可以为法则。"荀子认为，有道德修养的君子，能把"入乎耳，箸乎心"的知识"布乎四体，形乎动静"。

## 五、潜移默化的效用观

人文教育区别于其他教育形式的特殊之处，在于人文教育更为重视教育中潜移默化的作用。这种潜移默化不同于法律和行政等硬性的控制手段，它是一种软性导引，不用语言、不用教诲，而凭本身的气息和意义便可起到不求而至、不为而成的教育作用。这种潜移默化、春风化雨的"匠心"和"功夫"是人文教育特有的功用，也是教育的最高境界。

人文教育是使学生在"自然环境"中，徐徐完成思想的转变和人格的塑造，这是"潜移"和"默化"的要求与主要体现。这里所谓自然环境，不仅有地理学的自然概念，也有教育环境、教育情境、教育问题的自然随意之意。它不限于课堂的知识教学，更为重视课程之外弥漫于整个校园的，以内隐的、不明确的方式存在着的诸如校园环境、学术氛围、文化传统、师生人际交往等情境。这些富有情境性的活动和交往，就像一种文化的"颜料"和一种文化的"味道"，溶于水中，使水有色生香，较之简单说教更易引起情感的共鸣和心灵的感应，学生个体的思想和行为在这种富有情境性、教育性、人文特性的氛围和环境中自然而然达到"蓬生麻中，不扶而直"的境界。人本主义教育家尤其注重这种"自然环境"的创造，他们认为，教育的作用就是创造最佳的条件，即一种自由的气氛，以利于学生的自我实现，"只有当我创造出这样的自由气氛时，教育才能成为真正名副其实的教育"。

---

① （古希腊）亚里士多德（Aristotle）. 尼各马可伦理学 [M]. 廖申白译注. 北京：商务印书馆，2003.
② （法）蒙田. 蒙田随笔集 [M]. 肖亮译. 北京：光明日报出版社，2017.

# 第六章 人文素养教育的研究现状及发展

## 第一节 我国高校人文素养教育的思考

我国教育部自 20 世纪 90 年代中期就开始倡导素质教育，此后，教育部又推出了一系列有关高校学生人文素养教育的措施，并认为：我国的高等教育应把人文素养教育当作重要的构成部分。很多教育界人士也一再呼吁学校和社会要重视对大学生文化素质的培养和教育。我国从"十一五"开始就已经提出了素质教育的主题，其中的重点就是要加强对人文素养的教育。本章主要就如何推动高校大学生的人文素养教育展开研究和探讨。

### 一、人文素养教育的主要内涵

所谓"人文"，可以指传统的礼教文化，也可以指相对于自然来说的人和事。所谓"素质"，现代普遍的观念认为其包含了人的体质、品质和素养三个重要方面。所谓"素质教育"指的是：运用科学的教育方法，把人的天赋和社会层面有机地结合起来，从整体上提高人的综合素质，从而实现人与社会的和谐统一，促进人的全面发展，进而达到提高素质水平的最终教育目标。简而言之，"素质教育"指的就是把人的素质提高作为重要内容和最终目标的教育，主要包含生存素质教育、自然素质教育和人文素养教育三大类。其中的人文素养教育是所有素质教育中最重要的内容，属于素质教育的最顶端。所谓的"人文素养"指的是人们所具备的人文方面的知识、能力、品质和意志情感等多方面的综合素质，侧重于人的内在气质和修养。所谓的"人文素养教育"主要是培养人的文、史、哲、艺等多方面的知识修养，从而在正确的行为态度的指引下，具有崇高的道德感来实现人性的真正完整，其最终目标是培养崇高的人文思想和人文精神。从人与自我的关系来讲，人文教育要让人体会到自我价值的重要性，树立远大的人生理想；从人与他人的关系来看，人文教育要让人懂得乐于助人的处事原则，并努力追求和建立良好的人际关系；从人与社会的关系来看，人文教育要让人懂得实现社会价值的必要性和重要性，具有顾全大局的奉献精神，为社会服务和造福；从人与自然的关系来讲，人文教育要使人懂得尊重自然的必要性和重要性，积极保护我们赖以生存的自然界。

### （一）人文与大学生人文素养

什么是人文？目前人们的理解并不一致。在古汉语中，"人文"是与"天文"相对的一个词，较早见于《周易》："刚柔交错，天文也；文明以止，人文也。"译成白话文是：日月星辰交互运行于天，即"天文"（天的文饰），亦即天道自然规律；以文明使人人止于应有的礼数，即"人文"（人的文饰），亦即社会生活中人与人之间的伦常秩序。显而易见，人文是指区别于自然现象及其规律的人与社会的事务。在西方，没有"人文"一词，只有"人文主义"。人文主义源于欧洲文艺复兴时期，指的是与宗教神学相对的、以人和自然为对象的整个世俗文化，其内涵与中国古汉语中的"人文"是有区别的。我们讲的人文素养教育，应该说是取自我国传统文化理解的"人文"含义。根据对"人文"一词的历史考察，笔者认为，加强大学生的人文教育，首先应该是指加强文学、史学、哲学、道德、艺术等以人为关注对象的课程的教学。这些课程被人们通称为"人文课程"或"人文知识"。学生学习这些课程后，将其中阐发的信仰、理想、价值取向、人格模式、审美情趣等贯穿到自己的行动中，做到知行合一，就形成了"人文精神"。在人文精神方面的修养水平，就是所谓"人文素养"。高校人文素养教育的任务，就是通过人文知识的传授、环境的熏陶以及学生自身的实践，将人文精神内化为学生相对稳定的内在品质。

### （二）人文与科学的区别及联系

人文是不是科学？人们常常习惯于把人文与科学并成一个概念，称为"人文科学"或者"人文社会科学"。笔者认为，这种混为一谈的叫法是错误的，人文与科学是两种不同形式的文化，二者至少存在这样一些区别：第一，就主观与客观的关系而言，人文的任务是塑造人的内心世界和调节人际关系，以及表现自我，具有主观性；科学的任务是揭示事物发展的客观规律，探求客观真理，自我被排除在外，具有客观性。第二，就内容而言，人文的内容是人认识自己，它所要解决的问题是区分人性的善恶，主要是一种价值体系和伦理体系；科学的内容是认识外物，它所要解决的问题，是辨别事物的真假，是一种认识体系和知识体系。人文重视传统的维护，科学强调突破传统、贵在创新。第三，就评判标准而言，人文是以直觉为主导的情感文化，只能通过各人的价值判断能力去感悟善恶、美丑，难以做出事实的判断；科学是以理智为主导的理性文化，可以经受实践的检验和逻辑的论证。人文把圣贤和英雄人物作为学习的榜样，而科学只追求真理，不崇拜任何偶像。第四，就功利性而言，人文是一种人格模式和思维方式，进行人文修养的目的，旨在丰富人自身的精神世界，不是为了追求功利；科学是一种手段和工具，进行科学研究的目的，旨在运用知识，增强人认识世界和改造世界的能力，具有明显的功利性。依据这些区别，不难发现，目前有些院校名为加强学生人文素养教育，而开设的选修课中，有些实际上仍是科学教育课，不能算作人文课程。

人文和科学存在诸多区别，但二者也并非完全对立。特别是作为科学领域一大类的社会科学，更是与人文存在难以分割的联系。社会科学是以社会现象为研究对象的科学，其任务是研究并阐述各种社会现象及其发展规律。人文是一种社会现象，所以，人文是社会科学研究对象的一部分。以不同的人文现象作为研究对象，就分别形成了各种门类的社会科学。例如，文学艺术是人文，古今中外的小说、诗歌、散文、音乐、舞蹈、书法、绘画、雕塑、戏剧、电影等等，当然不是科学，但是，以它们为研究对象的文学史、文艺理论、文艺批评、戏剧史等等，则是社会科学；又如历史，本是对过去发生的事实的记载，当然也无所谓科学或不科学，但是，以历史唯物论观点去分析历史，从中揭示历史发展的客观规律，则又是一门社会科学；再如哲学，研究的基本问题是思维和存在的关系问题，这也不是科学，但是以哲学为研究对象的哲学史则是科学。如此看来，人文是社会科学的研究对象和哲学基础，离开了人文，许多社会科学就不能存在和发展。至于说人文精神对科学领域的渗透，则比人文知识更为广泛，不仅是社会科学，即使在自然科学中，也无不蕴含着深邃的人文精神。

## （三）人文与马克思主义的关系

与人文和科学比较起来，马克思主义的地位要特殊一些。马克思主义是在继承前人创造的一切优秀文化遗产的基础上建立和发展起来的，当然没有排斥人文，而是将人文内含在自己的思想宝库之中。马克思主义绝不仅仅是一种人文。它不仅要求人们知性反省，更主要的是揭示事物发展的客观规律，探索客观真理，指导人们改造客观世界和主观世界，因此，我们说马克思主义是一门科学，通常的做法是把它归为社会科学。同时，马克思主义与一般的社会科学又有区别。与政治学、经济学、军事学、社会学、法学、史学、教育学、文艺学、语言学等一般社会科学学科相比，它至少有这样两个最显著的特点：一是鲜明的阶级性，它是全世界无产阶级革命斗争经验的总结，是指导无产阶级推翻资本主义、实现社会主义和共产主义的强大思想武器，这种极其鲜明的阶级性是任何社会科学所不及的，正因为如此，人们总是习惯地把马克思主义课称为"政治课"；二是彻底的科学性，社会科学自古有之，但是在马克思主义出现之前，实际上从未产生过完整的、真正发现了社会发展的客观规律性的社会科学，只有马克思主义产生以后，有了辩证唯物主义与历史唯物主义的哲学基础和剩余价值学说的重大发现，才使人们能够对社会历史的发展做全面的、历史的了解，把对于社会的认识变成了科学。在今天，我们进行任何科学的研究，都离不开马克思主义立场、观点和方法的指导。马克思主义是一种世界观，是一种方法论，是用以武装科学研究工作者头脑的科学。

## 二、加强大学生人文素养教育的必然性

### （一）加强人文素养教育是高校和高等教育界必须正视的课题

我国目前的高等教育要普遍提高大学生的人文素养和科学素质。高校要开展和加强人文素养教育，必须首先了解先进文化的内涵，并探索出发展先进文化的途径。因此，高校开展人文素养教育与发展先进文化是一致的。否则，人们在享受先进成果的同时，也会遭遇严重的道德缺失和落后的人文精神。

### （二）加强人文素养教育是帮助大学生树立正确的世界观、人生观和价值观的需要

几乎每个高校都设有思想政治教育课，而要实施思想政治教育，成功地帮助学生树立起正确的世界观、人生观和价值观，促进大学生的身心得到全面发展，就必须首先打好人文素养教育的基础，发挥好它作为成功开展思想政治教育的重要纽带作用。

从古至今，任何教育都离不开人文精神的作用，可以说它是教育的高级目标，人的思想升华必须通过有效的人文教育来完成，从而正确引导人们的价值观念，在传播知识的同时，也使人们的精神世界焕然一新。因此，人文素养教育是高校有效发挥思想政治课教育功能的最基本的补充方式，甚至可以收到一般思想政治课难以收到的效果。

### （三）加强人文素养教育是培养大学生创新意识和创新能力的需要

在当前科技不断更新、社会快速发展的时代，要培养大学生的创新精神，必须加强人文素养教育，可以通过历史的经验教训来指导学生的求学过程，通过哲学的哲理来启发学生的智慧，通过文学艺术来提高学生的思维能力，激发他们丰富的想象力。因此，我们要把人文素养教育和思想政治教育有机地结合起来，充分发挥人文素养教育深厚的文化功能，激发学生的创新思维，完善学生的逻辑思维和形象思维能力，创造一个有利于培养创新人才的人文环境。只有这样，高校的思想政治教育才更具活力和吸引力，才能为人文素养教育打下良好的基础。

现代教育应该特别重视"以人为本"的教育理念，不仅要让学生学到必备的专业知识和技能，更要培养学生的自我意识、完善的人格特征和正确的世界观、人生观和价值观，在和谐的人际关系中正确定位，从而实现自我价值和社会价值的有机统一。这样的教育能会培养出综合素质过硬的人才，因此，我们必须加强大学生的人文素养教育。

### （四）提供人文素养教育是适应学科发展的需要

科学的发展，一方面是原有学科分工越来越专业化，新兴学科不断涌现；另一方面，学科的交叉渗透，特别是自然科学和人文社会科学的综合化趋势越来越明显。美国国家工程院院长奥古斯丁称现代工程学已进入了一个社会工程时代，他认为21世纪工程师面临的许多巨大的挑战，都是起因于非工程因素。他说，现在的工程里有不同学科的综合，要求工程师善于研究跨学科的难题，并能取得突破。为适应这种学科交叉、文理渗透的发展趋势，培养能够综合创新的复合型人才，已成为国际教育改革的新潮流。英国剑桥大学的专家说："现代世界理科和文科的裂缝必须用人文科学来黏合。"因此，笔者认为在高校教育上实现自然科学、工程技术同人文社会科学的融合，自觉而有效地帮助理工科学生开拓人文社会知识领域，帮助文科生开拓自然科学和工程技术领域，并提高相应的素质是十分必要的。所谓大学的综合性，不仅体现在设立了多方面的学科，更体现在学科及人的素质的交叉综合。

## 三、加强大学生人文素养教育的有效措施

### （一）明确人文素养教育在大学教育中的重要地位

人文素养教育是将人类优秀的文化成果通过知识传授、环境熏陶等途径，使其内化为人的气质、修养程度、形成人格的过程。人文素养是人在社会化过程中即自我完善的过程中起支配作用的核心素质，它在教育过程中自然也应处于核心地位。当代文化教育学的创始人斯普朗格提出："教育绝非是单纯的文化传递，教育谓之为教育，正在于它是人格心灵的唤醒，这是教育的核心所在。"[①] 强调教育的重要使命是陶冶人性、铸造健康完善的人格，这也是人文素养教育的根本和宗旨。美国芝加哥大学前校长赫钦斯也提出："教育的目的不是在发展人力（manpower），而是在发展人道（manhood）。"[②] 高校在传授给大学生专业知识的同时，重在进行精神引领和人格教化。因此，大学应该将人文素养教育置于整个教育目的的核心地位，把人文素养教育作为一种教育理念，贯穿于高校培养人才的全过程。学校依靠自己的组织、控制机制，通过教学管理和行政管理、教职工队伍建设、资源建设等各方面通力合作，将人文素养教育落实到日常教学管理和各种教学活动之中。

### （二）改革课程设置

我国高校应尽快改革当前的课程设置，有计划地开设并实施人文社科类课程，可以根据学生的不同需求和实际情况，把人文社科类课程设置为必修课或选修课，加强课程的针对性和全面性，以科学合理的教学内容使学生乐于学习和接受。同时，对于高校重要必修课的"两课"，即马克思主义理论课和思想品德课，高校教师要强化这两门功课对于人文素养教育的基础作用，充分发挥"两课"带动人文素养教育的步伐。因此，高校必须加快课程改革的步伐，尽快建立一个科学可行的人文素养教育体系，使得学生不仅能够学到专业知识，更能锻炼个人的性格修养，从而成为"为做人而学"的高素质人才。

---

① 赵祥麟. 外国教育家评传 [M]. 上海：上海教育出版社，1992.
② 赵祥麟. 外国教育家评传 [M]. 上海：上海教育出版社，1992.

（三）加强高校师资队伍建设，充分发挥教师的先锋作用，从而营造出和谐的师生关系

教师是高校实施人文素养教育的主要力量，我们必须强化教师的人文素养，合理提高人文社科类课程的比例，融文化因子于各门功课中，使得人文精神能够通过教师渗透教学的各个环节和过程。因此，当代的大学教师不仅要传道授业解惑，更要以身作则，以正确的价值观念和崇高的人文修养去影响和感染学生，让学生在学会专业知识和技能的同时，更学会做人做事。因此，高校目前的任务就是要尽快从质量上抓师资队伍建设，尤其是对于中青年教师更要重点培养和提高，全面提高教师队伍的人文素养水平。

提高教师人文素养。教师是实施素质教育的关键因素，人文精神的塑造主要来源于教化，通过内在教化作用于人的情感状态，在潜移默化中改变人的价值取向，影响人的情感、气质、性格、胸襟等。大学教师担负着塑造大学生理想人格、培养正确的价值观和健康心智的重要使命。加强教师的人文素养是提升大学生人文素养水平的前提和基础。我国教育部提出高校加强素质教育要做到"三个提高"：提高大学生的文化素质、提高教师的文化素养、提高大学的文化品位与格调。首先，大学教师必须转变人文素养教育是社科教师的职责的观念，加强自身的人文素养，从本专业出发，自觉学习。比如通过自修的方式，读一些由著名科学家写成的人文与科学精神紧密结合的文章，作为向导，促使思考，同时积极结合本专业中的具体问题，开展人文素养的研究工作，不断提高自身人文素养。其次，在教学过程中，把人文素养教育渗透教学的各个环节，使知识教育和人文教育、科学精神与人文精神高度融合。在教学中教师将自己有关人文研究的成果和知识引入对具体专业问题的分析中，将理性教育和感性教育相结合，以启发式的教学、心理辅导和心灵教化等现代化教育方式，阐释不同学科与人类社会发展的密切联系，不仅传授学科的专业精神和学术要义，还通过率先垂范、言传身教，展现科学知识范围以外的亘古不变的人性、人情、真理，使一个具有专业知识和技能的人同时具有高尚的人品、强烈的社会责任感和坚实的人文素养。北京大学著名国学大师季羡林先生最广为人知的并不是他高深的学术造诣，而是他身上秉承的传统的人格理想和古典的美学精神，他代表的中国知识分子的精神和良知，深深感染着当代大学生的心灵。就高校而言，大学要积极推进教师人文素养的提高，组织教育者的再教育，通过多种途径，如请名流大师讲学、组织观摩课、以老带新等方

式提高教师的人文修养，使大多数教师具备人文教育的能力。同时建立科学的教学质量评价体系，将人文教育纳入其中，也可以开展人文素养教育研讨会，提高教师对人文教育重要性的认识，进而转化为自觉的行动。

### （四）优化校园人文环境，建设文化校园，充分发挥校园文化的功能

每个人的成长都离不开环境的影响，学生如果在健康浓郁的人文环境中学习和成长，就会逐渐地提高自身的修养和品位。人文素养水平是人内在的品质，是内化了的性格和气质。对于这样一个内在的东西，我们必须通过文化的东西来培养和加强。从"硬件"设施来说，我们可以建设一些名人塑像、纪念碑和语录牌等物质性的人文景观来创设一个良好的人文环境，还可以通过加强校园内外部环境的建设，为学生营造一个健康美丽的大学校园，使学生身心愉悦。从"软件"方面来看，我们要加强高校的校风和学风建设，不断提高学校的文化品位，努力建立一种平等、民主和具有浓厚人情味的人际关系，使大学生在一种团结奋进、积极向上的校园文化中，亲身体会到大学校园的丰富多彩和积极向上，从而获得强大的人文精神。

大学不仅有浓郁的学术文化氛围、恬静的人文治学环境，还拥有丰富的历史文化典籍和多元的知识信息汇总。浓厚的文化气息和学术气氛是良好的校风、学风、教风的外在表现，它将对学生性情的陶冶、境界的提升、情感的升华等方面起到潜移默化的作用，学生生活在其中，耳濡目染，其人生追求和思想品格会不断提升。校园文化建设作为大学课堂人文素养教育的课外延伸，灵活、自由、开放，具有课堂教育不可比拟的优越性。各高校根据历史发展和办学特色营造具有自身特色的人文氛围，是实现高校人文素养教育引导和文化启迪的主要形式。清华大学古朴典雅、求实严谨，北京大学自由开放、兼容并蓄，这些百年老校在历史文化积淀下形成了稳固而特色鲜明的校园文化氛围，大学生浸润其中，终身受益。具有特色鲜明的校容校貌、有独特内涵的校徽校训、校园标志性建筑、优雅的人文环境等是高校人文氛围的外化表现形式。除此之外，开展各种丰富多彩的校园文化活动、成立大学生社团组织、举办内容丰富的人文讲座等，都能创造独特的人文环境，展现学校独有的人文历史文化和精神风貌，给大学生美的熏陶。华中科技大学作为一所以理工科为主的高校，近年来以人文教育和科技教育相融合作为办学指导思想之一，广泛开设人文社会科学选修课，每年举行"中国语文水平达标考试"，举办人文讲座和自然科学讲座，出版了《中国大学人文启

示录》，开展了形式多样、内容高雅健康的校园文化、科技、艺术活动，形成了特色鲜明的校园文化氛围。清华大学每年在本科生中开展大一外语强化训练暨外语文化月活动，开辟了提高学生语言能力的新途径；有关外国音乐、风土人情、社会习俗、历史等方面的各种讲座，以及百科知识竞赛、英文歌曲比赛、演讲比赛等，也使学生多方位地接触和了解异国文化，在不同程度上提高了跨文化交流意识与能力。

### （五）强调人文素养教育中学生的主体作用

由于人文素养教育的接受者主要还是学生自身，因此，人文素养教育的效果如何，最根本的还是取决于学生自身，我们必须及时转变学生的学习观念，使其具备积极乐观的心态去自觉主动地接受人文素养教育，通过把理论与实践有机地结合起来，形成其内在的品质和潜力。此外，高校还要注重学生时期的实践活动的作用，有计划有目的地组织学生到一些实践场所进行锻炼和观察，在现实生活中进行更深层次的自我教育和启发，通过这些亲身经历和感受增强学生的社会意识和使命感。这些极具风俗民情的社会实践活动所进行的人文素养教育，将会收到其他任何一门功课所无法比拟的效果。此外，我们还可以通过加强对于人文素养教育的研究工作，进一步推进该教育的学科化进程，使得人文素养教育具有全新理论的指导和启发，在更大程度上适应新时期和新形势的发展要求，基于我国高等教育的特殊国情，有选择地借鉴和学习国外先进经验和理论，创造出一套具有中国特色的科学可行的人文素养教育理论体系。

### （六）高校要进一步加强和推动我国的人文素养教育，就要全方位地建立一个适应大学生人文素养教育的保障体系

首先，政府要充分重视对传统教育体制的改革，在制定文件政策之前就要对现实情况进行充分的调查研究，并鼓励高校勇于借鉴成功经验，建立一套科学可行的人文素养教育体系，并通过立法的形式使这些课程体系得到真实有效的落实。其次，高校要组建人文素养教育的教学团队和研究人员，根据时代的要求制定出适合当前大学生的人文素养教育的教学目标和教学内容，使得人文素养教育具有针对性、导向性和发展性。高校要真正落实人文素养教育，还要保证经费的充足，这就要求国家和高校都要重视起人文素养教育的经费预算和实际投入数额等。最后，高校还要建立一套完善的人文素养教育的评价体系，通过科学可行的评价内容和评价手段来使学生的知识、能力和素质得到协调发展，并通过具体的社团活动等来丰富学生的人文生活，从而真正提高学生的人文素养。

### （七）营造家庭的人文教育氛围

我们常常说，父母是孩子的第一任老师，可见，家庭的作用是巨大的。因此，我们还要重视家庭的人文教育氛围，使家庭具备科学的人文教育理念，使学生除了在学校接受人文素养教育，回到家里仍然投入具有人文气息的家庭生活当中。应该说，一个人的家庭生活是否健康，是否人性化、合理化，会直接影响到学生的身心健康和人文素养，高质量的家庭生活必定会为学生养成良好的人文素养提供必要的生理和心理基石。因此，如果想要培养学生崇高的人文素养，就必须充分重视家庭和家长的作用，让家长充分意识到自己言行举止的重要性，努力为孩子营造出优良的家庭文化，培养孩子正确的价值观、生活观等，在和谐温暖的家庭氛围中体验到家庭人文环境。

### （八）引导大学生加强人文素养自我教育

大学精神应该是平等的多元意识、理性的科学态度、自由的个性发展，以及非功利的价值追求。在大学生心理、智力、价值观和人生观树立的重要时期，大学教育无法回避人的心灵需求、人生目标、人生意义和价值观等领域的东西。大学有义务引导大学生认识到人文素养对自身发展的重要性和潜在影响。各高校应深入开展素质教育理论研究，探索富有特色的文化素质教育实现途径，积极创造条件发挥学生社团的作用，开展丰富多彩的校园文化和社会实践活动，鼓励大学生按照自己内在的需要去塑造自己、发展个性，重塑人生理想，规划未来，建构自己健全的人格和意义世界。让大学生主动认识到人文精神的价值和力量，让高尚的人格和良好的修养成为每一个当代大学生的人生理想和终极追求。人文素养教育方法是多角度、多方位、多渠道、多种形式的。目前，高校人文素养教育还处于探索阶段，人文素养教育本身是复杂的、多元的、长期的，还没有形成统一的模式和评价标准，但人文素养教育也是有规律性的，它是一种综合教育，是一个复杂的系统工程，它的实施是全方位、立体、开放性的过程，它的成功与否取决于能否整合各方面的教育力量，能否协调教育者和受教育者之间的关系形成良性互动。当前我国正努力建设社会主义和谐社会，和谐的社会必然要由具备和谐的人文精神的大学生去创造，在这一历史背景下，大学生人文素养教育的历史意义显得尤为重要。

总而言之，对于 21 世纪的高等教育来说，进行切实可行的教育改革是迫切的任务，其中，加强人文素养教育是个重大的课题，对于国家、高校和学生来说，都具有很大的必然性。因此，在这样一个追求素质教育为主要目标的时代，我们的高校必须从中国国情出发，把握住学生的自身特点和需求，努力推动大学生的人文素养教育进程，使大学生在学到科学知识的同时学会做人、做事，最终成为具有高尚人文素养的新时代人才。

# 第二节　大学人文素养教育的重要性

在大力推进素质教育的今天，大学生的人文素养教育日益引起人们的关注与思考，这对于中国高等教育而言，既充满了严肃的理性思辨，也具有重大的实践意义。大学生作为实施素质教育的特殊群体，其人文素养的培养更应引起高度关注和重视。

## 一、全面理解人文素养教育的丰富内涵

### （一）人文素养教育的概念界定

人文，是指与人类社会有直接关系的文化，一般把文学、历史、哲学和艺术等统称为人文学科。人文素养，是指人所具有的文、史、哲和艺术等人文学科的知识以及由这些知识系统反映出来的精神在心理上的综合体现。人文素养包括人文知识修养和人文精神两个方面。人文知识修养，是指通过学习获得的比较系统的文、史、哲等人文学科和艺术的知识；人文精神，是指通过各种人文学科知识的吸收而形成的价值观、道德、气节和思维方式。人文素养教育，是以人类优秀文化成果为内容，以提高教育对象内在气质、培养健全人格、塑造美好人性为宗旨的教育，是一种需要外在启迪陶冶和内在省悟修养的复杂而有机的教育活动。

### （二）人文精神与科学精神的关系

人文学科是守护精神家园的学科，它赋予我们的行为以意义，用价值赋予社会经济发展以精神动力，是我们这个时代"最深刻的需要"（斯坦福大学校长查理·莱曼）。这种"最深刻的需要"表现为：在市场逻辑起支配作用和科学技术具有巨大张力的时代，一个社会或一个人都会因缺少人文关怀而缺少品味和失去自我，甚至会野蛮和疯狂，

而人文学科能赋予社会、世界以方向、目的和意义。在我们的社会中，如果缺少人文的调适力量是不可能实现以人为中心的可持续发展的。人文科学有着久远的历史，在人文科学中包含着"世界上最高的思想和语言"，轻视人文科学就等于轻视人类积累起来的伟大知识遗产。自然科学把握世界的认识方式是科学理性、工具理性和分析理性；人文科学把握世界的认识方式是理解，是审美式理性。如果说自然科学认识活动追求的是"求真"和"合规律性"的话，那么人文科学的认识活动却在人们的直接目的中给以价值的考量，使之具备"合理性"和趋"善"、趋"美"。人文科学给人以感觉的洞察力，它分担着人类知识能力的一半，从把握世界的方式来看，抛弃了人文学科就等于抛弃了世界的一半。一个人只有同时具有科学素质和人文素养，他的活动才能体现"合规律性"和"合目的性"的统一、"真善美"的统一。在我们的时代，自然科学、社会学、人文科学只有联合才能解决当今日益复杂的不确定问题，才能为从根本上解决当前中国高等教育的弊端提供有效的帮助。

## 二、实施人文素养教育的必要性

### （一）人文素养是学做人的基础，人文教育是"做人学"

中国科学院院士周光召先生说："教育的目的首先是教会做人，做一个大写的人，一个不仅有谋生技能、能享受物质生活的人，而且同时做一个高尚道德的人，一个脱离低级趣味的人，一个追求智慧和真理的人，一个有创新思维和坚强性格的人，一个不断促进社会和人类自身进步的人。"[①]

教育学生学会做人是我们德育的根本任务。学会做人必须以人文素养为基础，因为人文科学体系既是一种知识体系，也是一种价值观体系。人文学科关系到一个社会的价值导向和人文导向，关系到一个民族精神的塑造，关系一个民族的生命力、创造力和凝聚力。国际上一些知名学者早就发出警告：如果忽视或者轻视人文学科，必然导致整个民族精神和民族智慧的衰退，必然导致整个社会的庸俗化。当今科学技术的飞跃和经济的巨大发展，一方面给社会的进步和发展以强大的动力；另一方面也带来了一系列的社会问题——人口问题、贫富差距问题、环境与生态问题、资源问题、道德伦理问题等，这些全球性的"社会病"严重地威胁着人类的生存与发展。它们不是科学技术和物质财富所能解决的，因此世界都在关注人类的可持续发展问题和教育上

---

① 周光召. 科学技术与可持续发展 [M]. 上海：上海科技教育出版社，1999.

的完整人格养成问题，以致通识教育、全人教育、养成教育成为全世界许多学校教育的新理念，而这些教育都涉及人与人、人与社会、人与自然环境的关系等等。因此，人文素养是一个人的道德修养的基础，是学生学做人的基础。人文教育应当作为提高学生思想道德素质的重要手段，也应当作为国家经济发展、社会进步的重要手段。

人文存在的直接意义在于保持传统，一方面表现在保持传统的原则性，另一方面则是促使传统形成一种面对时代发展应有的开放性。人文存在的根本意义源于人的内在的精神需求，有了这样一个维度，人才能主动适应纷纷攘攘的外部世界而不至于产生精神、心理上的疏离感，强调传统的根本"功用"也在这里。人文表现为对历史传统的敬畏、对典籍习俗的阐释、对日常生活的倚重、对艺术作品的欣赏、对美德的追求与热爱、对时代精神的弘扬。可见，所谓人文即人之所以称为人的学问，它本身就属于人性修养之学。所谓人文教育就是人性化教育，是通过人文的濡染与涵化使人学会做人的教育形式。因此，我国的人文教育首先应当以中华民族的传统文化为基础，这样才不会失去根基，同时对其他的文化也应采取兼收并蓄的态度，"去其糟粕，取其精华"，引导学生了解和学习世界各民族优秀文化，使我们的人文教育既具有中国特色，又具有鲜明的时代特点。

### （二）人文素养教育是创新素质教育的基础

创新素质教育是指在学校教育中对学生进行创新精神、创新能力和创新人格的培养和教育。

首先，创新人格的培养离不开人文教育。素质教育努力塑造智商与情商和谐共融、完善健全的理想化人格。创新素质教育则追求人格发展的和谐性与特异性相统一。所谓人格发展的和谐性，就是注重德、智、体、美、劳诸教育在学生身心发育中的有机渗透；所谓人格发展的特异性，即从事未来创造性工作所必备的独特精神品质，主要包括坚持探索，不随波逐流的独立人格，标新立异、破除框框的批判精神，不拘陈见、富于变通的灵活态度，博采众长、吸纳百川的广阔胸怀。人文素养教育的特点就是十分注重感受性和体验性，可以说，文、史、哲、艺等学科都具有感受性和体验性的特点。相对自然科学而言，人文学科的教育对培养人的内化机制，鼓励学生对世界的好奇心、求知欲和探究精神，使创新活动具有深层动力机制起到了很大的作用。人文底蕴越深、视野越宽，融会贯通的能力、再创造的能力才会越强。从这个意义上，可以说创新素质教育在本质上就是一种文化和人格教育。

其次，文化素质教育也十分有利于活跃与完善思维方式，提高思维水平。逻辑思维保证思维的条理性、数学思维保证思维的精确性、实证思维保证思维的可靠性，在这些思维之上的直觉思维，则用以保证思维的创造性。而直觉思维和人文教育的启迪同人的右脑的开发关系甚为密切。爱因斯坦的成就、经历与他自己的体验充分证明了他的一个论述：知识是有限的，而艺术开拓的想象力是无限的。众所周知，他是一位物理学家，又十分喜爱小提琴，是物理给了他知识，艺术给了他想象力。知识是有限的，想象力概括着世界上的一切，是无限的。没有想象力，就不可能有创造性，而想象力的培养，恰恰需要人文教育。比如文化素质教育中非常重要的组成部分——艺术教育（如绘画、舞蹈、音乐及文学作品欣赏等艺术活动），不仅能提高人的审美能力，而且对人的智力开发，尤其是人的创造力的开发有着重要意义。艺术活动通过其形象性、感染性和愉悦性，既能有效地激发人的热情，也能有效地诱发人的创造性。首先，艺术活动开发人的形象思维能力。大凡受过良好艺术教育或具有艺术修养的人，皆具有发达的形象思维能力。法国数学家阿达玛和心理学家黑堡曾经做过一个调查，结果显示在 100 位数学家中有 98 人认为他们的创造性探索是以形象为基础的。因为艺术作品有着丰富的潜在内涵，是一个复杂的、多层次的动态结构，具有激发和调动欣赏主体心理活动的功能，即召唤功能。诺贝尔物理学奖获得者李政道博士认为："艺术和科学是相通的，艺术和科学的共同基础是人类的创造力，它们追求的目标都是真理的普遍性，科学和艺术是一个硬币的两面，这枚硬币就代表了文化。"他认为，越是伟大的科学家，越深深地热爱艺术，从艺术宝库中汲取的养分也越多。艺术活动激发了人的灵感思维，艺术活动能够积累美感经验和提高艺术修养，而美感经验与艺术修养能够以其独特的魅力和潜意识诱发、激活人们的灵感思维。

### （三）人文素养教育是心理健康的基础

任何心理问题都不可能是纯心理问题，必然受到社会环境因素的影响。但环境本身并不能使人们快乐或不快乐，人们对周围环境的反应才能体现自身的感受。同样，这种对环境的反应，取决于一个人的人文底蕴。近年来，我国大学生的心理疾患发病率呈上升趋势。就我们最近几年在大学心理咨询中所接触的问题来看，当今大学生中普遍存在的心理障碍包括学习障碍、情绪障碍、交往障碍、性心理障碍和人格障碍等等。这些数据和现象不能不引起我们每一位教育工作者、学生本人，乃至社会各界人士的关注与深思——这些学生身上究竟缺少了什么？我们认为，他们缺少的是对挫折的承受能力，对现实社会的适应能力，对情绪的自我调节、自我解脱能力，以及对自我正确认识、分析的能力。一句话，他们缺少的是心理健康。

提高学生整体文化素质是实施心理健康教育的一项重要措施，因为文化素质是学生身心素质发展的基础。一方面学生可以通过学习文、史、哲、艺等人文社会科学和自然科学知识，正确认识人与自然、人与社会、人与人的关系，懂得生命存在的价值，从而爱惜生命，注重身心健康；另一方面可以提高学生的精神境界，培养学生科学的思维方法和生活方式，使他们能够正确认识种种矛盾，从而产生实现理想的顽强的毅力和百折不挠的奋斗精神。而这种毅力和精神正是一种可贵的心理品质。因此，要真正培养学生健康的心理素质，也必须以文化素质作为支撑。

## 三、实施大学人文素养教育的途径

大学人文素养教育是一个复杂的系统工程，需要学校、社会、家庭等各方面的教育形成合力，持之以恒，常抓不懈，才能有所收获。仅就学校教育而言，应该着重做好以下几方面的工作：

### （一）转变教育观念

教育价值观念的变革是实现人文素养教育的关键。现代社会的发展要求教育不但要授人以"才"，而且要成人以"性"。要造就"和谐发展的人"，就要改变那种单纯注重传授知识的教育观念，建立一种"通才教育观"或"通识教育观"。二战后，美国教育界针对国内的教育弊端，提出实施"通才教育"的主张，他们希望通过这种教育兼顾"专业"与"教养"，使受教育者既掌握专业知识，又通晓人生事理。在当代，各国为使教育适应未来发展的需要，都在更新教育价值观念，这种观念的实质正是注重科学素质和人文素养的统一。而今，中国的高等教育要"面向现代化，面向世界，面向未来"，就必须摒弃与社会的要求相去甚远的陈旧、错误的观念，使中国的高等教育实现科学教育与人文教育的有机结合，以培养全面发展的人为目标，为社会造就有用之才。

### （二）优化课程体系，强化学科渗透

课程是让学生获得系统人文科学知识的主要渠道。各学科除了落实教学大纲外，还要充分挖掘本学科丰富的人文内涵，制定出加强人文素养教育的具体目标和要求，在教学中积极进行人文素养教育。同时还应当开设一定的人文学科的选修课程。

### （三）加强师资队伍建设

教师是教育的主导，担负着教书育人的重任。要想拥有高质量的教育和高素质的学生，必须先拥有高素质的教师队伍。为适应全面推进文化素质教育的需要，首先，不仅要改善和优化教师的知识结构，还要采取切实可行的措施，着力提高教师的文化素质。要把提高教师的文化素养纳入师资队伍建设的规划，定期对教师进行文化素质培训。要将文化素养作为教师教学质量和水平考核的重要内容，激励广大教师热心教育，增强他们的使命感和奉献精神，使关心人才的全面成长成为教师的自觉行动。其次，要树立教师的榜样作用，学生人格的构建需要教师人格的示范，"精神要靠精神来支撑，心灵要以心灵来沟通"。另外，人文素养教育强调培养学生的主体意识、独立人格的批判精神，这就需要教师有更为宽阔的胸襟、宽厚的知识和宽容的态度。要承认学生个体的差异，允许学生个性的张扬，帮助学生特长的发挥，要为所有的学生提供成才的沃土，与学生建立新型的师生关系。

### （四）优化育人环境

营造和风细雨的风气熏陶，构建润物无声的育人环境，在人文素养教育中方能对学生起到潜移默化的作用，引导他们茁壮成长。优化育人环境有"软""硬"两方面的任务。从"软环境"来看，必须抓好校风建设。在校风中起决定作用的是群体的价值观和文化背景。校风的形成不是一朝一夕之功，它是学校精神的体现，是学校历史的积淀、传承和再造。优良校风的形成主要靠学校师生认准目标，齐心协力，经过若干年的努力才能逐渐形成。学校领导作风要正，广大教师教风要端，广大学生学风要严。在一个人心思进、见贤思齐的集体氛围中，学生的身心才能得到全面发展，个性特长才能充分展示。从"硬环境"来看，要不断美化、优化学校的教学、文化和生活场所，抓好校园绿化，让校园绿树成荫、鸟语花香；要搞好校园布局调整，让学生

进入校园后爽心悦目、心情舒畅；要重视校园文化建设，"让每一堵墙壁都开口说话"（苏霍姆林斯基）；重视校标的设计和设置，发挥各种雕塑、画像、纪念馆、宣传栏、校园网络的教育功能，展示学校荣誉，凸显校园文化，提升校园品味。

### （五）其他途径

①举办讲座。让校内外教师、学者开设人文科学讲座，可开阔视野、启迪思维、激发情感、丰富知识。②开办社团活动、课外兴趣小组活动。通过各种社团活动，组织学生读书、研讨、创作，引导他们探索人生的真谛、陶冶情操、发展特长、培养能力；组成各种兴趣小组，如诗社、剧社、文学社、画社、乐队、舞蹈队、合唱队等等。③阅读。人文知识的丰富主要靠自己学习，自学的主要途径是读书。大学生思维敏捷、记忆力强、接受力强，正是读书的好时候。应当抓住时机读一些好书，背一些好诗，记一些名句，这将使学生受益终身。而教师应在学生阅读时给予适当指导，做学生"心灵的持灯者"，引导他们高举人文精神的火炬，穿越成熟前的"思想暗夜"。

总之，大学人文素养教育是时代精神的呼唤，是促进教育改革、促进高科技和高素质发展的统一，是培养出既有知识能力又有健康人格、既会做事又会做人的高质量人才的基础，它切实可行，势在必行。

# 第三节　我国高校人文素养教育体系建设构想

人文素养体现了一个人的思想道德修养。一定的思想道德观念总是以一定的文化底蕴为基础，一定的人文意识又总是蕴含着一定的价值观念。大学生是我们国家的未来、民族的希望，他们的理想信念、思想道德和科学文化素质如何，不仅直接影响到他们的成长，而且关系到我们国家的前途和命运。21世纪高等教育的新使命就是促进科学教育与人文教育的融合。科学教育和人文教育都是现代教育中不可或缺的重要组成部分。只有科学精神和人文理想兼备的人，才是现代意义上的全面发展的人。人文教育的核心，是人文精神的培养和人性的完善、提高，对促进人们树立正确的世界观、人生观和价值观具有重要的作用。在人类跨入21世纪的今天，人类社会已经步入一个高度综合化的新时代，高等教育在教育体系、教育内容、教育方法上趋于文理融合的趋势，随着知识经济、信息社会的不断发展，加强大学生的人文素养教育已成为当前世界高等教育改革与发展的潮流和趋势。高校要充分认识到人文素养教育在人才培养模式改革中的重要作用，积极探索和完善大学生人文素养教育体系，与时俱进，更新教育观念，深化教育教学改革，促进大学生的全面发展。下面笔者就此提出几点粗浅的看法。

# 一、积极推进课程体系改革

素质教育是一种教育思想和教育理念，因而要贯彻到教育的各个环节，贯彻到教育培养的各个过程。在当代大学生的成长过程中，高等教育对大学生素质养成的影响和作用不应仅仅局限于课堂之中，还应贯穿于学习、生活的全过程，"第二课堂"的教育活动应逐步纳入整个学校的素质教育体系。也就是要改变过去紧紧围绕专业设置课程的方式，突破专业局限，充分吸纳当代自然科学和人文科学的最新成果，建立符合受教育者全面发展规律、激发受教育者创造性的新型课程体系。

## （一）加强课程建设

课程的结构决定了学生的素质结构。课程教学是人才培养的最基本途径，自然也是加强人文素养教育的重点。要培养大学生优秀的人文素养，必须积极推进课程体系改革，所有专业都向人文教育拓宽，在学科结构和学生的知识结构上重视文理学科的综合，有目的地建立一系列有利于培养学生人文素养的具有广泛性、交叉性和时代特征的课程：一是适当减少必修课，增设人文社会科学课程，增加选修课，设置文理交融渗透的新型课程和学科。规定各类学生既要学习自然科学知识，又要学习人文社会科学知识，同时允许学生根据需要自由选修各门课程，并使这种跨学科的教学模式贯穿整个高等教育过程。二是设置一系列面向全体学生的、反映各学科前沿发展动态的，以及该学科与人类社会发展相互关系为主要内容的短课程，使学生能在较短的时间内了解最新科技发展动态和研究前沿，扩大学生的知识面，开阔学生的视野。三是开设一系列适合大学生特点的人文素养教育特色课程和艺术课程，鼓励学生自学名著名篇。开设既保证培养学生科学素质的课程，又注重培养学生人文素养的课程，使人文教育和科技教育相融合。通过加强大学生的人文素养教育，进一步陶冶情操、净化心灵，培养学生品质，促进学生的身心全面和谐地发展，以适应 21 世纪的发展要求。

### （二）开设人文素养教育讲座

人文素养教育讲座是开展大学生人文素养教育的有效途径。我国传统文化的一个重要特点就是重视人文精神和人文教养，即重视人自身的教化和塑造。这些优秀的文化传统促进了中华民族的繁荣，陶冶了我们的民族精神和智慧，至今仍具有不衰的魅力。人文素养教育讲座不仅具有学术功能，而且具有人文教育功能，以深厚的人文底蕴与科技对话、以自信的民族传统与西方文化对话、以高远的大学文化与社会生活对话、以广阔的知识视野与专业体系对话，借以培育大学生的人文底蕴。开设人文素养教育讲座首先要突出人文主题，重点要突出"文、史、哲、艺"的人文主题，使每一个讲座都能为听众打开一扇窗户，展现一片新天地。其次要精选主讲专家、学者：一要在本专业有较深的造诣；二要考虑到青年学生的思维特点，聘请的专家应同时兼顾老年及青年；三要有良好的表达能力。另外，要兼顾理论性和通俗性。人文讲座既可以是高雅的，也可以是通俗的，在坚持安排高格调、高品位讲座的同时，也可适当安排一些学生关心的热点问题讲座，努力做到雅俗共赏。因此，要积极发挥高等院校学科门类齐全、师资力量雄厚的优势，有目的地聘请校内外知名专家学者、教授为学生举办讲座，引导、教育学生热爱科学、追求真理、陶冶情操、端正人生态度、提升人格魅力。

### （三）发挥"两课"的主阵地作用

高校"两课"是全面推进素质教育的重要阵地，是大学生的必修课，在把新一代大学生培养成为社会主义事业的建设者和接班人方面发挥着不可替代的作用。教育部在1995年9月印发的《关于高校马克思主义理论课和思想品德课教学改革的若干意见》中明确指出："要把马克思主义理论课和思想品德课作为人文社会科学的重点学科加以建设，把'两课'作为学校的重点课程加以建设。"其实，"两课"从内容和学科性质看本身就属于人文、社科类课程，对学生人文知识和人文能力的培养具有重要作用。人文素养教育的核心目标是培养学生的人文精神，如热爱祖国、奉献社会、不屈不挠的精神品质，这与"两课"的主要教学目标——培养爱国主义、集体主义、社会主义精神，树立正确的世界观、人生观、价值观内涵一致。因此，我们要充分发挥"两课"在人文素养教育中的主阵地作用：一方面在"两课"教学中增加有关人文教育的内容，使师生认识到人文素养教育是当代社会、政治、经济、文化发展对教育提出的必然要求，是加强思想道德建设的有效措施；另一方面要发挥"两课"的主阵地作用，渗透人文教育，把人文精神渗透教育和教学的各个环节。通过"两课"教学，让跨世纪的青年学生在科学的理论中树立远大的政治理想，增强建设具有中国特色社会主义的信心和责任感，树立正确的世界观、人生观和价值观，使他们健康成长，承担起建设具有中国特色社会主义的宏伟大业的重任。

## 二、提高教师队伍的整体素质

实施人文素养教育，教师是关键。教师是大学生人文素养教育的直接组织者和实践者，与学生接触最多，对学生影响最大，师资队伍的素质水平直接关系到教学效果和教学质量。

### （一）加强教师队伍的师德建设

师德师风是整个学校的精神面貌和灵魂。教师是人类灵魂的工程师，教师的示范作用和榜样力量是最直接的，教师的思想道德素质和品行学风、言传身教及其敬业精神对学生起着潜移默化的作用。加强师德师风建设，是高等学校责无旁贷的使命，是高校教师义不容辞的任务。在复杂的国际、国内环境下，要不断提高教师自觉、熟练运用马克思主义的观点、立场、方法去分析现实问题，解决学生中的热点、难点问题的能力，不断提高思想素养。要通过多种渠道大力培养教师具有科学正确的世界观、人生观和价值观。在教师的考核和聘任工作中，把教师的职业道德建设放在重要位置，实行师德条件"一票否决制"，促使广大教师增强工作责任感和事业心，努力提高职业道德水平，以高尚的道德规范自己，影响和教育学生；树立良好的职业道德形象，爱岗敬业，为人师表。

### （二）提高教师队伍的科研和教学能力

改革开放以来，高校教师的整体素质有了显著提高。为了提高教学的实效，高校教师不应该在课堂上单纯传授专业知识，还应该引导学生学会对现实问题独立思考，这就意味着，高校教师不仅应该具有对民族和人类命运的高度责任感和使命感，还应具有高尚理想、信念和情操的人格力量，而且还要具有坚实的理论功底、广博的知识结构，能够结合专业教学进行人文教育。教师素质的高低，不仅取决于教师的知识结构和水平，而且取决于教师的科研能力。从某种意义说，教师科研能力的高低决定着教学实效的好坏。因此，教师必须把科研放在更加突出的位置，不断提高业务水平。一个优秀的教师既要具有教学领域的基础知识，又要具有本研究领域的高深知识。而知识的获取，除了博览群书和参加社会实践之外，更重要的是要加强学术研究，通过学术研究来提高理论素养。只有教师科研素质提高了，教学工作才能真正显示出旺盛的生命力。

### （三）培养教师文理兼通的创新素质

在全面推进素质教育的过程中，许多大学都加强了人文教育，开设了艺术课和人文课，然而由于教师文理不能兼通的局限，人文教育与科学教育所形成的只是一种文理杂拌的"拼盘式"教育。文理教育实际上仍是"两张皮"，既不能使学生在科学教育中感受到人文的熏陶，也不能使学生在人文教育中体会到科学的力量。这使学生无法领会到科学和人文的内在联系和一致性，导致学生的素质难以提高。学生人文素养的形成十分需要教师人格的感染与启迪。如果教师在讲授科学现象、规律、方法和应用中渗透了人文精神，学生就会被教师的这种人格魅力所感染，潜移默化地接受教师的思想。因此，培养文理兼通的高素质教师队伍是加强素质教育的当务之急。古人云："师者，传道、授业、解惑也。"学生的惑，不仅是学业上的惑，更是悟道中的惑，这就要求教师的"业"和"道"都要有很高的素养，既有高深的学科造诣，又有高尚的人文修养，在教学过程中能够渗透人文素养教育。高校要采取有效措施，促进教师努力提高自身的人文素养，完善知识结构，树立育人意识，在教学中增加文化含量，渗透和融合人文素养教育，增强人格感召力，使教师成为人文素养的专家、学者，真正发挥他们在教书育人中的作用，引导学生树立正确的世界观、人生观、价值观。

## 三、深入开展社会实践活动

实践是检验真理的唯一标准，也是人取得正确认识的基本途径。大学生的社会实践活动是指高等学校有目的、有计划、有组织地引导大学生走向社会、接触社会、了解世情、接受教育、丰富知识、提高能力和服务社会的一种实践教育活动。社会实践活动作为我国高等教育的一项特殊的教育内容与形式，具有特殊的素质教育功能，越来越受到人们的关注和重视。

### （一）社会实践活动是整个高等教育体系中的重要组成部分

社会实践活动是高等教育中的重要环节，是培养社会主义事业建设者和接班人的重要途径。大学生社会实践活动作为一种有目的、有计划、有组织的实践教育活动，其根本目的是让学生深入社会、接触实际，通过实践活动了解国情、受教育、长才干、做贡献。大学生社会实践活动的安排及实践内容、形式和地点的选择都要满足高等教育培养目标的要求。大学生社会实践活动的内容可分为两大类型：一类是纳入教学体系的，主要包括专业见习和实习、社会调研、毕业设计、公益劳动和军事训练等；另一类是利用节假日或课余时间进行的，主要包括社会调查活动、社区援助活动、"三下乡"服务活动、勤工助学活动、科技开发活动等。高校要引导和鼓励大学生在学习之余走出校门、走向社会，促进教育与生产劳动和社会实践的紧密结合，把所学的知识转化为做人的基本品质和基本态度。如利用寒假、暑假组织大学生开展大型社会实践活动，日常坚持青年志愿者活动、扶贫帮困活动、社区服务、参观革命老区活动等等。通过社会实践活动，学生不仅可以了解社会对大学生素质要求的信息，而且可以发现自己的缺点和不足，认识到自己与社会要求的距离，从而增强提高自己综合素质的自觉性和能动性，使大学生的爱国主义、集体主义精神在丰富多彩的社会实践活动中得到升华，境界得到提升，责任感、使命感和奉献精神得到强化。

### （二）营造良好的校园文化氛围，优化育人环境

中国教育历来重视环境育人。随着教育的迅速发展，人们越来越认识到校园文化建设在学校人才培养中所起的重要作用。大学生的人生观、价值观和道德观的形成，人文精神与科学精神的确定，都深受校园文化的影响。校园文化建设对学生综合素质的培养和提高具有潜移默化的作用，并已越来越成为学校教育的重要手段和第一课堂的补充和延伸。进入 21 世纪，充分利用校园文化的独特功能，大力培养学生的创新能力与人文精神，是时代的迫切要求。要坚决抵制腐朽文化和各种错误思想观点对青年学生的侵蚀，用正确、积极、健康的思想文化占领校园阵地，努力营造符合先进文化前进方向要求的良好文化氛围。要积极开展丰富多彩、格调高雅的业余学术活动和

文化活动，构建大学生人文素养教育的有效载体，如聘请社会名流、优秀校友来校做报告；引导学生积极参加社团活动，丰富文化知识；开展内容丰富的文艺活动，如举办文化艺术节、演讲与辩论比赛、模拟法庭等等，培养学生的参与意识。

### （三）加强大学生社团管理，发挥社团的育人功能

学生社团是学生为增长知识、培养能力、丰富和活跃课余文化生活，自愿组织起来的群众性团体。随着社会经济的发展、科学文化的进步，学校的学生社团活动蓬勃发展，类型增多，规模扩大，已经成为学生第二课堂学习的主要园地，成为发展学生多方面兴趣、爱好，练就一专多能本领的课外活动形式，在 21 世纪人才培养中起着积极的作用。但是，由于学生社团种类繁多，既有娱乐性的，又有学术性的，加上学生社团活动吸引了众多学生，涉及面广，形式多样，因此，管理难度较大，要求也比较高。我们必须正视学生社团活动中可能出现的问题，如有的社团活动违背社团宗旨，超出社团活动范围；有的社团组织内部管理混乱；有的搞小圈子，拉关系；有的甚至借社团之名，进行非法活动。我们要通过各种措施和办法，加强对学生社团的引导和管理，更好地发挥社团的育人功能。

综上所述，加强大学生的人文素养教育已成为一种共识，这是当代社会发展对人才培养提出的要求，也是现代教育发展的一个必然趋势。构建完善的高校人文素养教育体系，推进人文教育与科学教育的融合，培养大学生的人文素养，既是一个理论问题，又是一个实践问题，高等学校任重而道远。

## 四、人文素养教育课程体系的构建原则

### （一）转变教育质量观，树立全面的质量观

全面的质量观即树立与现代教育特点相符合的以促进学生素质全面发展为宗旨的质量观，培养既具有高度的科学精神又有厚实的人文素养的人才；把学生的政治素质、道德素质、文化素质、审美素质、劳动素质、身体心理素质的全面发展水平，作为衡量教育工作质量和学生质量的标准。

### （二）转变专业素质观，树立综合素质观

在高等教育中，文化素质是基础，人文素养是基础的基础。人文素养对专业能力的养成和适应未来专业需求的可持续发展能力的培养具有重要的意义。因此，必须转变专业教育就是教会学生如何做事、如何谋生的狭隘观念，树立专业教育与人文教育并重的综合素质观念。

### （三）转变课程独立观，构建科学的课程体系

人文素养内涵十分丰富，包括人文科学、社会科学、思想政治、语言艺术、体育卫生等诸多领域，因此必须搭建人文教育课程平台，构建较为科学的课程体系。同时，要在专业课程的教学中，挖掘人文内涵，渗透人文精神，使专业教育与人文教育相结合。除上述显性课程之外，还应注重开发富有启发意义和实践意义的隐性课程，如文化活动、实践活动等。唯有如此，才能实现人文教育的综合化、立体化。

### （四）转变课堂教育观，加强社会实践

社会实践活动是培养学生人文素养的重要途径，因此，必须增加学生的各类实践活动，如社会调查、社会服务等，使学生在多种多样的活动中，在与社会、自然的交往中开阔视野，关注人生，认识自己的责任和义务，正确处理个人与社会、自然的关系，实现自己的人生价值，培养和提高自身的人文素养。

## 五、人文素养教育的效果评价

按照知识、能力、素质协调发展的要求，把人文素养教育纳入人才培养整体规划之中，构建人才素质的评估标准，在教育管理过程中具有实质性的作用。评价的指导思想、具体指标、方式方法及其效用牵动着人文素养教育的方方面面，影响着人文素养教育落实的力度。在对学生人文素养的评价研究中，应始终强调全面评价，即从学生的整体素质考查，看其各项素质及结构是否合理、是否全面和谐发展，同时突出个性评价和动态评价，即在承认学生个体差异的基础上进行，用发展的观点考查和评价学生人文素养养成的全过程，在实践活动中看人文教育持久发挥作用的程度，用实践检验、评价学生的素质状况。

我们强调，人文素养教育的效果评价应重点把握以下四项工作：

第一，开展新生素质调研工作。组织对历届新生的素质调研工作，制作专门的问卷进行全面的调查研究，获取新生思想道德修养、知识水平、心理与身体健康状况和已经形成的与专业有关的能力信息，并建立个人基本素质档案。专业导师和教学导师要了解和掌握学生的相关信息，为有针对性地开展选修指导、专业培训、心理咨询、活动规划等提供较为科学的依据。

第二，完善课程管理制度建设工作。将文化素质教育纳入教学管理、学生工作管理、教师业绩评定管理系统之中，加强对文化素质教育通识课任课教师、教育过程、教育内容、教育质量、成绩评定和登记等的监督与指导。重视文化素质教育教学和各项工作的评估，有针对性地制定相关评估标准，如人文素养教育课程考核制度、第二课堂实践活动考核制度、文化竞赛证书制度等，不断提高教育实效。

第三，完善学分制管理办法。科学规划学分结构，在必修、限选及任选学分中规定人文素养类课程的最低学分。同时，完善大学生人文素养评估内容，将文化素质教育活动纳入学生课外学分管理中，将其在各种文化活动、艺术竞赛、社会实践中所取得的成绩和表现作为人文素养的评价依据，计入相应学分。课外学分的实施对学生良好思维方式和行为规范的养成将起到很好的约束和激励作用，并成为动态评价的重要方面。

第四，落实毕业生素质测评工作。测评通过学生自评、班级评价和院系评价相结合的方式，对学生的思想道德素质、科学文化素质、身体心理素质和职业素质进行综合评价，形成评价意见。毕业生素质测评工作既是调研工作的延续，又是对人文素养教育效果的总评，还可为日后的社会反馈提供参照，从而为建立人文素养教育的长效机制奠定基础。

# 第四节　大学生科学素质教育与人文素养教育整合的必要性及途径

在知识经济时代，知识的增长速度不断加快，知识的迭代周期不断缩短，知识转化的速度猛增，学科出现了高度融合的趋势，这对大学生的学习能力和获取信息的能力提出了新的要求。大学生在观察、认识和处理问题时，既要保持理性思维的科学态度，又要具备人文情怀的价值眼光。大学生究竟发展什么和如何发展成为我国高教改革关注的一个重要问题。高等教育探索适应新形势下的科学素质教育和人文素养教育的整合势在必行。

## 一、大学生科学素质教育与人文素养教育整合的理论基础

今天的教育，明天的社会问题。我们所要构建的和谐社会，既是一个高科技日益增长的知识密集型社会，又是一个生活质量全面提高、文化需求全面增长的人文社会。科学教育与人文教育的割裂这一问题必须引起我们的高度关注。

大学生科学素质教育与人文素养教育整合的基础在于以下几方面：

### （一）教育价值

要把社会发展的需要和个人发展的需要结合起来，要使大学生具有较高的科技文化知识水平、较高的人文素养和健全的人格，并形成完备的知识结构。科学与人文作为两种不同的文化现象，有着各自独立的价值与功能。科学关注的是人对物的问题，科学精神追求真，崇尚客观性和求实性，具体表现为以物为尺度，以客观世界为认识对象，排除主体对认识过程的干扰，达到实事求是。人文关注的是人对人和人自身的问题，是主观世界；人文精神追求善和美，具体表现为以人为中心，以人为尺度。人们在对科学价值的追求中离开了人文价值是不完整的人，同样，在对人文价值的追求中离开了科学价值的取向是跟不上时代步伐的。只有两者相互渗透，才能构成完整意义上的人类价值体系。将人文教育和科学教育结合起来，使大学生既具备科学知识和人文知识，又掌握科学方法和人文方法，这样才能达到追求真理、讲求价值的完美统一。

### （二）教育目标

要把大学生培养成合格接班人，就要使他们成为既有健全人格又掌握生产技能的劳动者。因此，要把科学素质教育与人文素养教育整合起来，达到提升人性与提高人力的统一。科学与人文的整合不是两种知识机械的添加与组合，而是一个有机的整体。在知识经济时代，知识经济化和经济知识化并存。而经济知识化从某种意义上说就是经济的人文化，它使知识成为经济增长和发展的主要源泉和资本，从而使人类的生产

劳动的自由度大大提高。科学技术的高度发展，为人们扩大社会交往和社会联系提供了必要条件，人们将拥有更加充裕的时间和更加丰富的生活内容，使自己获得更加全面而自由的发展。但是没有人文精神的引导，科学技术是盲目的。科学素质与人文素养两种教育的同时实行，可以克服教育过于专门化所造成的科学与人文的分裂。大学生要既有科学素养，又有人文精神；既有专业知识，又有健全人格，这是高等教育不可回避的重要任务，落实这项工作的重要性在于为我们的社会走向真正意义的现代文明提供可靠保障。

### （三）教育内容

大学生在大学阶段要形成完善的知识结构，提高创新能力，而且要提升人文精神，形成道德责任感和义务感，从而达到真、善、美的统一。科学、人文都是同一主体的两种要求，是一体两面，如果把二者割裂开来，那么人文教育不是真正意义上的人文教育，科学教育也成为一种残缺不全的科学教育。科学素质教育的任务是培养大学生的科学意识和科学素养。科学素质教育要求大学生能够建立科学概念、掌握科学方法、培养科学态度、树立科学的价值观念，并培养其适应现代社会的能力，旨在让大学生了解科学、技术与社会三者之间的相互关系和彼此的影响。大学生人文素养教育不仅要给大学生传授人文知识，还要培养人文精神。人文素养教育的目的主要是引导学生如何做人，如何处理好人与自然、人与社会、人与人的关系，以及如何使大学生的理性、情感、意志等方面的素养得以提高。只有促进科学知识与人文知识融合、科学思维与人文思维功能互补、科学方法与人文方法协调，才能发挥多学科优势，使大学生在认识上跨越科学知识与人文知识的鸿沟，开阔视野，实现全面发展。

## 二、大学生科学素质教育与人文素养教育整合的时代要求

### （一）大学生科学素质教育与人文素养教育整合是构建和谐社会与人全面发展的需要

人的全面发展作为人的发展的终极目标和理想状态包含着"人究竟发展什么"和"人如何发展"的问题。科学教育与人文教育对大学生生存能力起着转化的作用，它不像遗传基因那样直接通过生命有机体来表达物种具备的生存能力，而是通过教育把科学知识和人文知识转化为大学生个人知识结构的一部分，把科学知识和人文知识应

用于个人的生存活动，从而达到适应环境和提高生存能力的目的。科学素质教育与人文素养教育要教给大学生的是：从科学求真的角度摆正人在自然中的位置，从伦理明善的方面承担人对自然和社会的责任，从情感审美的层次追求人与自然、人与人、人与社会的和谐。科学素质教育与人文素养教育要教会大学生在观察、认识和处理问题时，既要保持理性思维的科学态度，又要具备人文情怀的价值眼光。要以科学精神和人文精神相统一的态度，消解现代文明带来的尖锐矛盾，使大学生成为构建和谐社会的一支生力军。

### （二）大学生科学教育与人文教育整合是高等教育自身发展的需要

人才培养是大学首要的和核心的功能。一方面通过实施比中小学教育更高层次的综合化教育，使大学生在德、智、体、美等方面全面发展，目前许多高校都开设了通识教育，且效果很好；另一方面通过实施专业教育与分科教育，使大学生获得专业知识和专业技能，并成为社会各行各业的高级专门人才。为了缓解高科技发展对人性的扭曲，避免互联网等所引发的人与人交往的疏离化，解决大学生的价值困惑等问题，在科学教育中要融入人文教育。作为人文社会科学方面的专业学科要成为具有时代感的学问，要融入现代文化的主流，就必须自觉提高对科学技术水平最新态势的了解，使得文科学生掌握自然科学和新技术常识。在国际上，不同的国家和地区的大学办学理念各不相同，但因为时代的要求而又逐渐趋同，这就是科学教育和人文教育的融合，也是高等教育自身发展的需要。

### （三）大学生科学教育与人文教育整合是知识经济时代的要求

知识经济时代是以智力资源的占有和配置，知识的生产、分配和消费为最重要因素的经济时代，它使知识尤其是科学知识的占有量成为一个国家国力和国际竞争力强弱与发展潜力大小及速度快慢的首要标志。在这种情形下，知识的选择、整合、转换和操作变得更为重要。科学技术的发展，使人们得到了解放，但要防止科学的异化和技术的滥用，避免科学的误用或恶用产生的负面影响，就必须建立科学教育与人文教育相结合的教育理念，克服科学思维与人文思维分裂的缺陷，使二者相互协调，从而更好地解决个人和社会问题以及人类面临的许多困境。因此，只有大力发展科学教育和人文教育，加强对大学生人文知识的传授和人文素养的培养，加强对大学生创新知识的传授、创新素质的培养与创新能力的提高，才能造就适应知识经济时代和我国社会主义现代化建设事业需要的新世纪人才。

## 三、大学生科学素质教育与人文素养教育整合的基本途径

科学教育与人文教育的整合并不是两种教育的简单相加，也不是一个简单的比例关系问题。两者的整合都不应以削弱或牺牲对方为前提，而是在关注二者发展的失衡与分离这一现实的基础上，通过转变教育价值观念、改变教学模式以及合作办学等方式，使大学生科学素质与人文素养协调发展。

首先，转变教育价值观念是科学素质教育与人文素养教育整合的关键。教育的自身价值与工具价值是对立统一的——既有功利价值又有非功利价值。教育在人力资源的开发、振兴经济、发展科技等方面具有功利价值；在人文教化、文化传递、社会整合等方面教育具有非功利价值。教育作为一种社会活动，它和社会发展密切相关。大学生科学素质与人文素养教育的割裂，不能简单地归结为教育问题，它还是一个社会问题。由于社会发展导致社会分工的精细化以及由此带来的人才专业化，使教育中各门学科课程之间产生割裂，其深层社会原因是社会生活的区分与隔离。教育需要做出相应的调整和改革，通过教育来逐步打破社会生活的区分与隔离，从而缓解科学与人文之间的矛盾。这里，首要和关键的问题就是转变教育价值观念。

其次，改变教学模式是科学素质教育与人文素养教育整合的基本途径。要通过明确培养目标、合理设置专业、科学设置课程等具体的、行之有效的措施来达到二者的整合。人文教育与科学教育相融合的人才培养模式体现在以下方面：培养目标上要使大学生成为具有创新精神、创造能力和创业才能的人，要具有完备的知识结构，即要使大学生具有较高的科技文化知识水平和较高的人文素养，成为多学科和跨学科的复合型人才；专业设置上，要做到厚基础、宽口径，同时积极适应社会需求的多样性和科学技术发展的需求，孕育新兴专业；在课程设置上，要做到综合化、内容丰富、结构合理，同时还要加大学术活动、科学实验和社会实践的教学力度。教育内容要全面，人文与科学二者不可偏废。学校教育应该注重科学知识与人文知识的统一，可以通过设置人文科学和自然科学相结合的综合性课程，以及通过开办试验课、选修课等方式，使大学生成为文理兼通、视野开阔、富有综合创造能力的复合型人才。

最后，合作办学是科学素质教育与人文素养教育整合的有效途径。各高校既有着

自己的文化历史积淀，又有着自身办学理念和办学模式的特点和优势。合作办学正是借用这种差异性和多元化办学传统，既可以开设双学位班、互聘教师以及共同开展教学改革，还可以做到硬件和软件互补。合作办学、开放办学，兼容并蓄、博采众长，走出去和引进来，积极稳妥地促进高等教育国际化进程。在一些高校林立的城市，尤其是在一些大的省会城市，这种办学模式会起到非常显著的作用。通过合作办学，各学校之间在教学资源配置上形成优势互补，在理、工、文等各学科之间搭建知识平台，使学生在开放选课中体会到科学精神和人文精神的融合与互动，不仅各类资源的利用率得到了提高，更重要的是为学生的全面发展提供了一个有利的知识空间。

# 第七章 人文素养教育与培养的策略与践行力

"专业"是大学生教育得以运作的骨架与载体。大学生的学习、创造都是围绕某一专门知识领域进行，以学科和专业为核心的大学生教育模式不可能也不应该发生根本改变。同时，限于学制时间与学科要求，大学生人文教育无法像本科通识教育那样，通过建立相对完整的人文课程体系或设置以人文学科内容为主的核心课程来解决。因此，大学生在学习和创造过程中人文精神的养成、人格的塑造、精神的陶冶应该且必须围绕专业教学的全过程，在专业教学中渗透人文教育。正如杨叔子院士所指出的："培养拔尖创新人才，与本专科生教育是大有区别的，对人性、灵性的要求更高，其科学教育与人文教育交融的重点应放在思维、精神、整体方面，亦即应放在形而上的方面。""大学生的学习与研究的具体成果与内容固然重要，但更为重要的是长远的效益，是通过学习与研究具体内容及所取得的具体成果，在思维能力上所得到的提高与加强，在精神境界上所得到的充实与升华，是下学上达，通过具体的形而下，体悟到抽象的形而上。"① 具体而言，大学生素质表现在四个方面：第一，专门性。这是就学科而言。大学生应从专门人才中脱颖而出，在十分专门的学科中实现原创性的突破。第二，高层性。这是就知识而言。要研究、开拓具有前沿性的创新知识，并使之升华到形而上的层面。第三，独立性。这是就思维而言。要有独立思考的精神，并体现强烈的个性。第四，导向性。这是就品德而言。要有高尚的品德，并能引领社会。

因此，大学生人文教育的目标要求就十分明显了，即超越培养技术专家的狭隘精英人才观，对于人才培养，重视从知识到智慧的过渡，从缺陷到完善的过渡，着力于在知识、理论、方法教育的基础上，帮助和引导大学生把知识和才能升华为智慧、精神，由科学达至修养，使之成为社会前行的中流砥柱和道德标杆。上述目标是需要通过大学生人文教育的策略和体系建构来实现的。

---

① 杨叔子. 弘扬与培育民族精神研究 [M]. 北京：经济科学出版社，2009.

# 第一节　秉持寓道于业的教育理念

作为推动大学生人文教育运作的观念或精神，大学生教育理念往往包含着人们对心目中理想的大学生教育的构想与追求，时刻鞭策着、激励着、引导着大学生教育的教育实践活动。我们前文论述的大学生人文教育的诸多误区，实际就是因为我们的教育者、管理人员没有树立寓道于业教育理念，不愿秉持寓道于业教育理念，缺乏正确的寓道于业教育理念，因此制约了大学生人文教育的有效展开。

## 一、寓道于业教育理念的解读

所谓寓道于业"寓"即"寓居"（indwelling）之意，"道"即人文教育所要表达的本质内涵，实质就是人文精神（humanism）；"业"即专业（profession），这里的专业既指高深的专门知识教与学活动，又指分门别类地进行这种活动的基本单位。寓"道"于"业"的教育理念，即将人文教育投注专业教育之上，并"寓居"于其中，内化为专业教育的一部分，最终实现以"仁"成"人"。

首先，它是对专业教育与人文教育非此即彼"二分"理解的突破。世界教育发展历史已证明，人文教育与科学教育是互补的，过分强调或过分贬抑任何一方，都会造成教育的失衡。在教育界，对二者关系的处理，普遍认同将人文教育与科学教育结合的理念，寓道于业的教育理念便是如此。

其次，它是对人文科学主义教育观的纠偏，对科学人文主义教育观的强调。人文科学主义教育观和科学人文主义教育观是最具代表性的两种融合人文教育与科学教育的思维方式。"人文科学主义教育观在融合人文教育与科学教育做法上倾向于以科学为准则、核心和取向的方式来融合两种教育，而科学人文主义教育观主张以人文为目的、主轴或取向的方式来融合两种教育，前者融合的结果便是人文教育科学化，后者融合的结果就是科学教育人文化以及技术教育人文化。"人文教育科学化最显而易见的一个局限是，把人文教育的认识方法完全等同于自然科学的方法，因而不加任何限定和区别地把自然科学研究的思维方式和研究方法直接引入人文教育，并希望以此改造人文教育，研究生教育的专业性，尤其容易使此风盛行，将人文教育变成专业教育的附庸。因此，我们需要强调在大学生阶段，在高层次的科学教育阶段强调科学人文主义教育观。科学教育的人文化在于：一是在价值取向上要定向于人；二是在内容上要把科学首先当作一种普遍的精神文化，而不是一种专门性的实用知识与技术。显然，科学人文主义教育观更贴近教育的本质。寓道于业的教育理念强调并"力图使科学人文化，使人文建立在科学的基础之上，以人的全面发展为最高目标，而以科学的发展作为基础和实现目标的手段"。

## 二、寓道于业教育理念的特点

寓道于业的教育理念符合大学生人文教育的需要，能对思想观念相对成熟、价值体系趋向成型的大学生产生影响。这是因为：

第一，针对性强。人文教育最忌脱离实际，抽象、空洞地说教。寓道于业教育理念的本质，即强调大学生人文教育与专业教育的结合。一方面，它力图将大学生人文精神的养成、人格的塑造、精神的陶冶与大学生专业读书、学习、研究和生活中的一个个人文问题直接具体联系起来，通过对这些问题的认识，达到人文教育的积极效果。另一方面，力图将人文教育与大学生的专业特点和课程内容结合起来，充分注重专业的人文内涵、精神追求，使专业课程更加丰满，使学生能更深刻地认识和体会科学与人文的内在联系，更自觉地追求科学与人文的统一，最终突破狭隘的专业教育的桎梏，达到境界的升华。总而言之，寓道于业教育理念始终坚持大学生教育的独立价值和尊严，在此基础上因材施教、因势利导地围绕专业教学展开大学生人文教育，具有极强的针对性。

第二，灵活性大。渗透式人文教育没有标准化、形式化、一体化、模式化的道路可走。它所强调的大学生专业教育与人文教育的融合，不受时间、地点的束缚，也不停留在某个阶段和某个层面，比如课程层面。对于大学生教育而言，在专业教育之外，建立相对完整的人文课程体系或设置以人文学科内容为主的核心课程来实施人文教育显得不切实际，似有喧宾夺主之嫌。其人文教育需要贯穿于整个大学生专业教育活动，即贯通于课程、教学、科研、导师、管理体制、校园环境、社会实践活动等学校工作的各个方面、各个环节，倡导从发展变化的实际情况和需要出发，丰富多样、灵活多变和生动活泼地开展工作。

第三，富于建设性。大学生专业教育与人文教育融合的重点不仅在知识上，更在精神、思维、智慧上。对大学生教育而言，精神性的追求有二：一为精神成人，二为精神引领。前者解决的是个人，后者面对的是社会。大学生人文教育不仅解决了大学生个人的精神"成人"的问题，也没有避开对社会的责任问题。正如杨叔子院士所认为的，科学教育主要给人以灵性，而人文教育，既给人以灵性，也赋予人以人性。对于具有较为稳定的个性特征、知识结构、价值取向和思维与实践能力的研究生而言，人文教育对他们的精神"成人"和精神引领，无疑具有巨大的建设意义。

# 第二节　优化课程体系与教学方法

课程是实现教育目的和目标的手段或工具。培养大学生的主要依据是大学生培养方案，而培养方案的核心内容则是大学生课程设置。

## 一、开发专业课程的人文内涵

在大学生的课程结构中，专业课程所占的比例是很大的，而对于这类课程的教学，教师往往关注的是铁板钉钉的关于"事实的知识"，却忽视"价值的知识"。"大学生掌握了大量'何以为生'的本领，但是却缺乏对'为何而生'的思考。"因此，不仅大学生科研能力的提高、创新能力的增强，而且其人文素养的提升都应从根本性的专业课程上下功夫。

对专业课程内蕴的人文价值的忽视，是导致大学生专业知识丰富、人文精神缺乏或者"有知识无教养"的主要原因。事实上，科学知识是对自然规律的客观描述，但任何专业的科学文化都是由人创造的，都产生和存在于一定的文化历史语境中。所以，在专业教学中渗透人文素养的培养并不需要专业教师寻找额外的人文素材，只需直接挖掘并应用专业知识中所蕴含的人文资源，就地取材进行人文素养的培养。

正如建构主义理论告诉我们：不能以完全抽象的、去情境的方式去理解事物，不能将有关某一领域的知识与我们同该领域的交往活动相剥离，更不能使知识的获得游离于知识建构的情境。因此，提高学生对学科发展中优秀科学家献身真理的感人事迹的了解，对学科、专业的历史责任与现实使命的认识，有助于在专业知识的学习过程中，从探索的角度培养学生严谨求实的科学态度和勇于探索的奋斗精神；从精神的角度激发学生产生以繁荣学术、追求创新、发展先进文化为己任的科学研究的历史使命感和责任感；从责任的角度激发学生献身于造福人类与社会的大事业。

大学生的专业知识、科研训练实践性强，即大学生从事科学研究的项目直接来源于社会问题，而科研成果又直接服务于社会，造福人类。可见，大学生教育与社会的发展密不可分，大学生的专业课程始终体现着对人类的关怀，始终与人类广阔的生存环境相连。这就可以拓宽专业的内涵，将专业知识与广阔的生存环境相连，把人文精神、科学知识从大量的铁板钉钉、不容置疑的概念、事实、原理以及技术掌握中解放出来，从"生活"而非"纯科学"的角度解读知识，以促进个体对日常生活的人文反思，满足他们缺失的人文需求。

## 二、重视潜在课程中默会知识的陶冶价值

大学生人文素养的培养有赖于见诸教学计划的显性课程，更有赖于教学计划之外弥漫于整个校园环境的潜在课程。可以说显性课程主要构成人才的骨骼框架，潜在课程则主要构成人才的灵魂血肉。

潜在课程是指那些在课程指导和学校政策中并不明确的学校教育实践和结果，即使如此，它仍然是学校经验中经常而有效的部分，潜在课程也许被认为是不公开的、非预期的、隐含的或未被认识的。它具有潜隐性、广域性、多样性、持久性等方面的特点。潜在课程不像教材、课本那样以正规的形式出现，它不是以直接公开的方式向学生进行施教，而是以隐含的方式把正规课程中蕴含的价值、观念、精神等内容，和正规课程实施过程中产生的文化影响，以及学校的物质环境、精神环境、管理制度和教师人格、领导方式中潜藏的道德要求和教育意志，渗透到具体的人、事、物以及活动过程。

其中，潜在课程最为珍贵的价值、态度、文化、教育、意志等其实就是难以形式化的默会知识。默会知识的基本特征表现为：（1）它是一种个人知识或私人知识，是以个体直接经验表现的知识形态，如个人信念、责任心、价值观等。（2）它是一种技术性知识或行动性知识，是关于指导怎么样和怎么做的知识，它深藏于我们的行动中，并默默指引我们的行为。（3）它是一种难以明确表达和不能加以系统批判的知识，非命题和语言所能尽。此类知识鲜明地表现出默会知识与强调隐喻、体认、潜移默化的人文教育具有某种天然相契性，甚至从某种程度而言，重智慧而不是重知识。建立在

一定知识基础上的，体现某种价值导向的人文学科就是多种默会知识的历史类聚。

潜在课程就是将这些只能在行动、情境中被察觉、被意会的默会知识重置于一定的情境及活动中，使其显性化，并为学生所掌握。从人文精神建构的角度来说，要使潜在课程对大学生的人文精神产生潜移默化的影响，就须结合大学生的科研活动，将塑造人文精神融会在研究生特色的人文学术活动中。

### （一）重返经典阅读之乡

"学者欲穷理以究万事，必读文以求万法。读书一事，虽属小道，实可以涵养性情，激励气节。"大学生人文素养的提升，始终关系着文化熏陶、价值追求和思维训练等。其中，经典训练应该是一个重要的、不可或缺的项目。经典名著往往是微言大义，其思想指向宇宙、社会和人生的普遍性问题，始终围绕这些普遍性问题，提供一种开放式的灵感清泉，通过深入探究，"穷则独善其身"，得到灵魂的净化、心灵的升华；"达则兼济天下"，启发民智、固结民心。当代大学生被束缚在功利化、庸俗化的文化生态中，倡导经典阅读实属必要。

经典阅读作为一种文化行为和文化现象，其阅读的重心和范围往往随时代的变迁而不同。大学生在对经典的选择问题上，往往需要通过导师推荐书目的方式，对需要重点阅读的典籍进行选择。杨叔子先生就要求博士生必须会背《论语》《老子》。"让浮躁的心，宁静下来；让人的精神，升华起来"，正是他倡导经典阅读的目的。至于怎样调动大学生阅读名著的兴趣和热情，有必要借鉴美国卡耐基教学促进基金会的报告中强调的理念，"叫一个想当物理学家的学生花费时间去学习西方文化遗产，可能会很不耐烦。假如叫他以物理学为学习中心，讨论物理学在历史上的影响，物理学对社会产生的结果以及物理学与伦理学的关系之类的科目，他就会注意了。一个学生只要认识到非专业学科与专业学科的关系，他就会热心钻研的"。除了个体的经典阅读外，学校可以举办文学名著欣赏系列讲座、举办经典读书会、经典读书笔记展览和评比、文学经典沙龙，或开设公共选修课、建立校园读书网站，在新媒体技术的支持下，在教师的带领下，在同学间的影响下，塑造书香校园，传送经典名著，体悟人文内涵，拓宽人文思维，促进人格养成。

对于大学生来说，如何真正有效地阅读经典，达到提升人文素养的目的呢？首先应端正其研读经典的目的与态度。在今天这个处处弥漫着商业气息、言必称"用"的时代，最忌讳的恐怕就是功利主义的读书态度。所以，研读经典要有目的，却又不能目的性太强，也不能急功近利，滋生揠苗助长的不良心态。在阅读时，要认真钻研原著，读不懂的东西也要坚持读，所谓"观千剑而后识器，操千曲而后晓声"，即使艰涩难懂的论著经过反复琢磨，也能读出味道，读出内涵来，这里蕴含着反刍的意味。或可以结合自我人生阅历来辅助经典研读。大部分大学生已具有相当丰富的社会阅历，能深刻领悟经典著作中独特的生命体验、深刻的人生智慧，这样，那些饱含人生智慧与思想光芒的经典之言，在读者有了必要的人生阅历之后便成了有效的对话资源。

### （二）营造良好的学术沙龙生态

伯顿·克拉克说："为探究而探究是最重要的形式，和它有联系的是坚持教学自由和学习自由。"[①] 学术沙龙就是在平等、自由、轻松的气氛中探讨学术问题，"导师常与二三学子相聚一堂，或坐斗室相对论学，或集诸子茶点小饮于导师之家，除剖析疑难之外，并得指示学生修养之法，解答学生个人问题。导师视门人如子弟，门人视导师如良师益友，从学之期虽短，而缔交辄终身，受其潜移默化，不觉品德与学问俱进也"。学术沙龙是大学生在学术思想上理性探讨的智慧宫，也是他们生活情感上轻松交流的精神家园。

在学术沙龙活动中，所有参与者均以平等的姿态相处，任何人都有发言的自由，如此有助于大学生保持个人思想的自由，大胆质疑，乃至突破学术的禁锢和权威，形成"怀疑一切"的批判精神。同时，由于学术沙龙不拘泥于一个学科内，往往是跨学科的交流与互动，更能激发研究生们的灵感，开拓他们的学术视野与知识面，从而培养创新型的学术人格。通过学术沙龙，大学生们在开放的学术氛围中求学的同时，也在无形中受到严谨学风的熏陶和魅力人格的陶冶。当然，由师生共同构建的学术沙龙活动对于弘扬和谐师生关系也大有裨益。学术沙龙逐渐成为知识分子的精神之家和创新之源。大学生人文素养的教育与培养尤其需要植根于这种良好的学术生态之中，此所谓"蓬生麻中，不扶自直"之理。

然而，把学术沙龙作为大学生课程的有机组成部分的高校却寥寥无几。为此，大学生管理机构应有组织、有计划地常年安排不同学科的权威相聚于学校的小型、随意的研讨会，并鼓励师生前往聆听学习，将大学生学术沙龙活动作为大学生的特色活动

---

① 吴志宏，冯大鸣，周嘉方. 新编教育管理学 [M]. 上海：华东师范大学出版社，2000.

和代表性活动加以开展。校方也应出资创造良好的、自由沟通的交流环境，建立完善大学生学术沙龙的资金分配制度，大力支持和协调组织各学科团队自己开展特色学术沙龙，使之各成风格，相映成趣，蔚然成风，满足研究生拓宽学科知识的迫切要求。同时，为调动大学生的学术参与性，研究生管理机构也可制定一些可操作性的硬性措施，比如规定每个大学生每年必须参加或者主讲几次学术沙龙活动。当然，学术沙龙的有效开展自然离不开学术带头人的参与和组织。学术带头人是一个学术领域里的领头羊，他们的参与，定然能提高沙龙的知名度；同时，还可以在为人、治学和做事方面给学生以濡染、熏陶。

### （三）加强学术讲座的品牌建设

有人曾戏言，在北京大学课可以不上，但讲座决不能不听。可见北大学术讲座之魅力。当前，学术讲座已经成为各大学校园文化中最活跃的部分之一。

首先，学术讲座是名家大师知识的浓缩和精华，不同于那些扁平的、可以复制的、长篇累牍的、呆板生硬的课本，它不以增加学生知识量的"内存累积"为主要指向，而是以增加"外存"，即思维方式、研究方法为主要目的，力图授人以渔、授人以筌。

美国纽约科学院院士、北京工业大学教授隋允康，在北京科技大学的演讲——《学习观念的变迁和学会发现知识》中亦曾说道："要做到在学习中培养创新能力，提高综合素质，有一个可以利用的极好的素材，这就是去重视以往忽略了的知识发生过程；前人的知识发生过程中充分展现了创新能力的发展过程，知识发生的过程中也充分体现了前人综合素质的重要作用。我们如果只是注意知识的结论，那就忽略了凝聚在知识发生过程中极其生动、极其富有启发性的史料。"[①]

其次，学术讲座蕴含着道德观、价值观和对人性与灵性的培养要求，它会激发大学生强烈的精神价值渴望，学生听之、问之可将讲座所传达的教育理念、学术素养等内化为自身的思想智慧，在登高望远的求知平台上，汲取天地之精华，完善人格，舒展个性。

恰如中国科学院院士杨叔子教授在华中理工大学的演讲——《传统文化·人文底蕴·大学教育》中所提出的："（人）不要一成不变，只有第一种用处、没有第二种用处，只能做一件事情、不能做其他的事情。一个有才华的人应该多才多艺，有多方面的功

---

① 申腾. 中国大学人文讲演录 第 1 辑 [M]. 柯文出版社，2001.

用，不能太简单了，有知识没有基本素质是不行的！事业上取得成功的人并不一定首先靠某种科学知识，而是往往首先靠自身的素质；人的智力因素不是最重要的，最重要的是自身素质。"[1]

再次，学术讲座包罗广阔，可从历史与哲学、文化与教育、科学与人文、伦理与道德等不同领域传播思想、启迪智慧，形成一种多层次、综合性的人文知识结构。有助于克服目前大学生教育中普遍存在的唯科学主义倾向，使学生能打破专业的局限，以跨学科、文理综合的广阔视野观察世界、认识世界，这正是处理和解决当今世界各种实际问题所需要的。

香港科技大学人文荣誉博士、香港中文大学讲座教授、原哈佛大学中国文学教授李欧梵教授，在香港大学作了六场公开演讲，讲题是作者最关心的人文课题——"文学、电影、小说、音乐、建筑"。他以察觉人文的敏锐视力直击时弊——人文的沦落，指出现代人文被物质的物性所羁绊，人被自己的欲望所控制，于是社会普遍弥漫焦躁、暴戾之气，现代人各种心理疾病严重。为此，李欧梵提出要用文学、电影、小说、音乐、建筑的艺术精神来构筑自己的世界。[2]

对于大学生教育来说，学术讲座重在"高、精、尖"而非"多、平、杂"，因此，应推进学术讲座的品牌建设，将讲座作为大学生教育的精品工程来建设，纳入教育教学工作的整体规划中去，使之成为大学生珍贵的精神食粮。

品牌建设一方面重在"精"，要结合大学生心理特点、思想状况、专业学习情况和他们所关注的实际问题，精心策划具有针对性的讲座内容，力求"人文科学化，科学人文化"，突出重点。品牌建设另一方面重在"特"，特邀学者、特色学科、特殊针对性都是"特"的体现。这就要体现时代感、超前性和开放性，比如，本着与学术研究相结合、与学术竞赛相结合、与教学改革相结合的学术研究探索形式——"学子讲坛"的大胆实践就是一大特色。对于大学生而言，其学术研究能力、思维表达能力、临场应变能力、口头表达能力都已达到一定水准，登上讲台，将思想的火花激活，将学术的力量挥洒，将生命的激情飞扬也是大学生展现自我、完善自我的内在需求，应予以满足。品牌建设还要致力于"可持续性"，要创建一个平台，全方位满足学生、教师乃至高校的需求。比如台湾成功大学推出"成大文学家"系列学术研讨会议，以持续性为主要特征，力图如网状般向四面扩大，让学生充分感受到人文的气息，呼吸有人

①　同温玉，杨辉．大学语文 [M]．西安：陕西师范大学出版社，2009.
②　李欧梵．李欧梵论中国现代文学 [M]．上海：上海三联书店，2009.

文的氧气，血液里有人文的元素，在行动或是思维运作上有人文的精神，进而能在 21
世纪全球化的激烈竞争中，懂得仰观天象、俯察万物、博学审问、慎思明辨。一旦学
术讲座品牌建设打造成功，其品牌效应便可水到渠成，学生喜闻乐见者众，自是不必
大费周章去做诸如硬性规定学生参加讲座的"面子工程"。当然，由于大学生科研时
间的限制性，他们对学术讲座的选择存在一种偶然性、随意性，是一种"一见钟情"
的行为。因此，需要通过优化与创新学术讲座的宣传环境与传播平台，比如在校园网、
宣传栏上开设固定的大学生学术讲座专栏，创造更多"一见钟情"的机会。或者如华
中科技大学一般，将精彩的学术讲座内容转换成视频，定期编辑人文社科系列丛书
《中国大学人文启思录》，定格精彩学术讲座，实现校际间资源共享，供学生聆听经典、
瞻仰大师、品味思想。

## 三、加强"探究式教学"与"融渗教学"

高校培养人才的任务主要是通过教学实践过程来完成的，教学方式对人才培养至
关重要。大学生人文精神的缺失和人格的缺陷，究其在教学方法上的原因，或是因为
固守传统"灌输式"的教学方式，忽视大学生教育的特殊性，或是只关注教学手段（诸
如运用现代传播手段）的创新，却没有体现教学方式的艺术性、人文性，归根结底，
则是把教学方法僵化地看作科学范畴。尽管在教育理论中，关于教学方法究竟主要属
于科学范畴还是主要属于艺术范畴一直存在争论，但普遍认为，教学方法中既有科学
成分，也有艺术成分。在寓道于业教育理念的指导下，如何糅合教学方法的科学成分
与艺术成分则是改变人文教育教学方法僵化的关键。

《高等教育学》指出，对高校来说，教学方法的运用以及改革应遵循这样一个原则：
使教师在掌握教学方法的科学性的原理和技能的基础上去追求艺术成分。"教学方法
中的艺术是科学性基础上的艺术，教学方法中的科学性必须通过艺术来表现，没有艺
术体现的科学无异于死板的教条，而且规行矩步，也难免引向格式化和陷入僵化。"[①]
这与我们所讲大学生人文教育是建立在高深学问、科学研究基础上，一种以心智和人
格为核心的高标准教育相对应。

怎么去追求艺术性，以达到大学生人文教育的目的？这需要我们先明确大学生教
育教学方法的科学性。首先，大学生教育是更高层次的专业教育，大学生的教育活动

---

① 郑启明，薛天祥. 高等教育学 [M]. 上海：华东师范大学出版社，1985.

都是围绕某一专门知识领域进行，因而，其教学方法具有很强的专业针对性。其次，大学生围绕专业知识的学习主要是为了深入科学文化发展过程，去掌握科学方法，创新科研成果，因而，大学生教育是通过模拟研究的过程来组织教学，其教学方法更接近研究方法。最后，大学生与教师之间不再是传统"权威式"和"控制式"逻辑衍生的教学关系，因而，其教学方法更应充分体现师生平等的关系。

在认识大学生教育教学方法的科学性的基础上，结合大学生人文教育的实际，教学方法"科学性基础上的艺术"可从以下两方面加以强调：

一是加强具有探究、研讨、合作性质的教学方法，诸如案例教学法、小组讨论法，以及以基于问题的教学法为代表的"探究、启发式"教学法等。据调查，"学生最喜欢和认为最有效的方法首先均为课堂讨论法，其次为问题或案例教学法，再次为讲授法"。这些教学方法以学生自主性、探究性学习为主，具有相当的深刻性、体验性和主动性。研究生的主体性得以充分发挥，并同时在思维能力、创新能力上有所提高，这无疑很好地诠释了人文教育"灵活""非强制性"的教学理念。

二是倡导"融渗教学"。"融渗教学"的观念在英国教育界多以"XYZAcross Curriculum"语词呈现。有别于传统教学法，在"融渗教学"中，包含有两个科目的结合关系：主修的（专业）学科成为"承载学科"，（人文）学科成为"寄载学科"。在教学中，"承载学科"所讲授的专业知识要接受"寄载学科"从人文原理角度来衡判评估，由此而出现分段切割的两科目的轮换衔接，例如生物遗传基因工程课教学，在完成专业主干教学之后，便转换为从社会学与伦理学角度对基因工程社会学与伦理学后果的评估，之后又可到承载专业学科教学，结合寄载人文学科与社会科学的评估，对生物遗传基因工程的前提、条件和界限做出规定。在上述"融渗教学"中，寄载的人文学科或社会科学知识由于是针对承载的专业学科设定的对象与问题，因此易于理解并激发学生主动思考的兴趣；但是，如果只是关注"寄载学科"，便不易使回应或引申性的教学讨论融入整个教学系统。"寄载学科"在以"承载学科"的问题为对象时，应在不远离问题情境的背景下尽量展开自身的学科原理，防止流于一般性的知识传授，这样，即使"寄载学科"围绕"承载学科"问题讨论而最终全部融入其中，但仍保持着自身学科原理的水平高度，并在理论与实践相结合中实现对主干专业教学的内在融渗。

# 第三节 师生互动，以"仁"成"人"

以"仁"成"人，用心灵赢得心灵，不只是教育的条件，更是教育本身。梅贻琦先生在《大学一解》中精辟论述道："学校犹水也，师生犹鱼也，其行动如游泳也。大鱼前导，小鱼尾随，是从游也，从游既久，其濡染观摩之效，自不求而至，不为而成。"①由导师对学生的学业、科研、生活以及品德等方面进行个别指导的培养模式是大学生教育的特色，导师作为大学生的第一"监护人"，作为教育活动"人格化"的承担者，作为专业领域内有精深造诣和较高威望的"专家"，作为胸怀高尚精神境界、怀抱崇高敬业精神、践履社会道德规范的"道德人"，作为阐释并守护世界意义的"知识分子"，本身具有人文化成的教育功能。他在大学生教育中所发挥的作用是其他教育形式和教育力量不能替代的，对大学生心灵的塑造具有针对性强、威信高、影响深的特点。大学生教育的特殊性要求其人文教育必须充分发挥导师的"育人"职能。

## 一、提高导师自身的人文素养

朱自清先生在《教育的信念》一文中，站在教师的立场，以卓越的心智呼吁教育者自身人文素养的提升："教育者须对于教育有信仰心，如宗教徒对于他的上帝一样；教育者须有健全的人格，尤须有深广的爱；教育者必须能牺牲自己，任劳任怨。我斥责那些以教育为手段的人！我劝勉那班以教育为功利的人！我愿我们都努力，努力做到那以教育为信仰的人！"②朱自清的呼喊正是一种基于躬身实践教育，而后融贯在生命深处的使命感与责任感，当代教师也应"学向时习之"。即在以"仁"成"人"的过程中，欲为人师，得先为己师。

首先，要发出自己"导人向善"的主流声音，即在指导学生的过程中倾注温润的爱心。当代大学生的精神世界广受浸染，他们比任何时代的大学生更渴望获得真诚无私的爱的滋润与抚慰，以填补物欲难以弥补、占据的心灵裂缝与精神空白。导师的爱，具有无法抗拒的教化人的力量，导师只有对大学生倾注情感与责任，才能获得大学生

---

① 滕浩. 思想的声音 文化大师演讲录 [M]. 北京：当代世界出版社，2016.
② 朱自清著；中央教育科学研究所编. 朱自清论语文教育 [M]. 开封：河南教育出版社，1985.

的情感共鸣，得到学生爱的呼应。

其次，要"日新经术"。大学生导师因其在所从事的学科或专业领域有精深造诣和较高威望，深受大学生所敬重和钦佩，"亲其师而信其道"，大学生非常接受和信服来自导师的教导。导师的知识底蕴要紧跟时代步伐，紧贴学生需求，断不可固守已有"经术"而不思创新。"日新经术"，即要求导师对本门学科有深刻的了解，领会其精髓，掌握其前沿，并能高屋建瓴，通观学科全局。正加刘玉教授所言："常言说，'要给学生一杯水，自己要有一桶水'，可这一桶水不能老用多年前的陈水、死水，而要不断更新，水才有活力！"所以，导师又必须从自己的专业出发，博览群书，夯实底蕴。

再次，要恪守自己"育人以德"的道德使命。在大学生眼中，导师是道德的化身，也是其人格完善的楷模和典范。就导师自身而言，师德则是人格的生命线、灵魂。高尚的师德要求导师必然融会于整个社会公德之中，遵守社会伦理规范，超越功利羁绊，一身正气，两袖清风。学者殷海光先生谈及对他思想道德影响深远的人时说："碰见金岳霖先生，真像浓雾里看见太阳！这对我一辈子在思想上的影响太具决定作用了。他不仅是一位教逻辑和英国经验论的教授，并且是一位道德感极强烈的知识分子。昆明七年的教诲，严峻的论断，以及道德意识的呼吸，现在回想起来实在铸造了我的性格和思想生命。"[1] 当然，所谓"育人以德"，不仅要言"道德"，更重要的是行"道德"，正如孔子所言："我欲载之空言，不如见之于行事之深切著明也。"[2] 教师应当以身作则，行为楷模，学为典范，举手投足间都要符合为人师表的要求。

最后，明于睿思。"行成于思""思则睿""思则得之，不思则不得"。对导师而言，反思并非走马观灯似的回忆，也并非不痛不痒的怀疑，而是反省、思考、探究社会生活、教育教学、师生交往过程中各个方面存在的问题、教训和有待改善的行为，带有自我解剖、自我反省的性质。导师自我反思，首先指向自己的思想观念、价值信仰、师德修养、敬业精神和职业素质等，"如果教师不能进行独立的反思和批判，保持自己的立场，而盲从于习俗、迷信与权威，那么可想而知会塑造出什么样的人类灵魂"。同时还指向自己的职业发展水平和教育实践能力，反思自己的教育理念、教育方法是否达到"化人"的效果，以及怎样改善才能达到"人文化成"之功。

---

① 殷海光著；贺照田编. 殷海光书信集 [M]. 上海：上海三联书店，2005.
② 司马迁. 史记 [M]. 北京：中华书局，1982.

## 二、遵循师生主体性之间的多向互动规律

### （一）立足导师主导性与大学生主体性之间的双向互动

"教育结构的运行归根结底是在教师和学生之间进行的。"传统教育里，教师是知识的拥有者，其权威神圣不可侵犯，学生只能服服帖帖接受"绝对真理"。随着经济社会的变迁和知识经济时代的到来，知识结构发生了转变。知识经济解构了教师独霸知识的地位，消解了教师绝对权威的神圣性，"以学生为中心"的理念逐步大放异彩。近年来，教育界关于师生关系比较普遍和广为接受的提法是师生的"双主体"之说，它是一种"消解主客体对立与主体中心的新主体哲学"。尽管"双主体"之说最初见于基础教育，但是从实质内涵和应用实践来看，同样客观地存在于大学生人文教育中。

在大学生教育领域里，这种新主体哲学一方面得到了制度保障，即导师负责制从培养机制上肯定了学有专长、造诣深厚、人格高尚的大学生导师，在大学生招生、培养、科研、论文写作、论文指导、论文评审等事宜上，所积极发挥的教书育人、导人向善的"主导"作用。这也契合和彰显了大学生群体的自主性与积极性，引导他们进行自我教育与管理。更重要的是，由于是立足导师主导性与研究生主体性之间的双向互动，因而能有效规避"狭隘单一的以大学生为主体或以导师为主体的人文教育，容易陷入'一放就死'或'一抓也死'的怪状"。因为，若把大学生人文教育的主动权完全交给大学生，很容易出现大家忙于学业和自身发展，人文教育乏人问津，即"不管也死"的现象。而若把大学生人文教育的主动权完全交给大学生导师，也很容易出现导师凭借学者、专家的身份，以教导人、教训人的口吻向学生灌输知识，从而压制学生个性，即"管也死"的现象。

还需强调的是，这种主体哲学的另一关键是互动。互动不是良好师生关系的条件，而正是良好师生关系本身。导师与大学生之间的互动是导师人格魅力得以传递的纽带，如果互动消失，影响也就无从谈起。在大学生教育中，师生关系的互动包括多种形态：有多对一的互动，即所有大学生导师，甚至管理者都担负着教育、关心每位大学生的责任。而事实上，往往导师群体所形成的人文氛围更具化人力量，更能撼动大学生的思想观念。有多元化的互动，即导师与学生之间的互动，包括传授知识、引领研究，乃至于生活问题、人格发展的关注，这种互动的形式不拘一格，既有显性的，

也有隐性的。大学生与导师之间的互动，是互为支持、教学相长的互动。导师教化学生心灵的同时，对自己心灵的教化亦具有反射之力、渗透之功。应该说，教师绝不是照亮别人却毁灭自己的蜡烛，而是在照亮别人的同时也照亮自己前进道路的火炬，大学生与导师之间的互动是一种持续发展的互动。大学生与导师之间绝不是短暂的"三年之痒"，许多时候，它会超越时空局限，受用终生，师生间最后发展为"亦师亦友"的关系。

### （二）发展主体间的平等交往对话关系

关系是在互动中体现的。"双主体式"人文教育理论视域下的导师与学生的关系首先不是"我——他"的物化关系，而是一种"我——你"交互主体性的平等、交往、对话关系。然而，在现实的导师与大学生互动中，却存在着机械的、缺乏人情味的、强硬的组织交往形式。

许克毅等人将导师和大学生的关系具体地分为权威型、和谐型、松散型和功利型。其中，权威型、松散型和功利型便是这种机械的、缺乏人情味的、强硬的组织交往形式。权威型导生关系中，大学生导师是真理的化身，又承担着社会代言人、政府公务员、学校领导等角色，其话语行为具有不容置疑的权威性。受导师"知识权威""职权权威"的惯性驱使，学生既惧怕导师的权威，同时也严重依赖导师的权威，导师作为"道德诠释者"的"传道""解惑"之功便被严重消解。松散型导生关系下，导师与大学生基本无任何交流，学生根本接受不到导师的任何影响。功利型导生关系中，导师与大学生之间实际是一种上下级的雇佣关系，大学生是被束缚在导师课题生产线上的"工人"，而导师自己实际上是这条生产线上的"老板"，彼此之间的沟通交流是生涩、生硬而又冷漠的。诸如此类交往形式，使得导师与大学生之间缺乏真诚的交流和沟通，至于说心灵深处的交谈更是奢侈。

遵循师生主体性之间的多向互动规律，要倡导平等、交往、对话的师生关系。当然，这种"对话"绝不是语言层面上的你问我答，而是思想、情感、思维上实质性的碰撞、沟通与理解。这就需要导师改变传统"居高临下"的权威姿态，树立互动意识，立足理解，尊重差异，以自身人格的魅力闪耀迷人的光辉，以此去吸引学生、感染学生、教化学生。学生也应对导师的行为、思想、情感给予人性的理解，而非神性的崇拜。彼此之间建立一种平等的对话的情境，互相尊重、互相学习，成为良师益友。对话情境一旦确立，师生互动就变成了相互参与、相互合作的伙伴关系，双方会接纳、包容对方，这样才能与对方产生精神上的偶遇和沟通，从而创造一个最佳的师生互动状态。

## 三、营造师生互动交流的教育情境

人文教育要密切遵循和坚持师生主体间的多向互动规律，同时，应不失时机地营造基于大学生与导师之间互动交流的教育情境，让学生与导师之间得以有更多的进行双向交流的接触机会，从而使导师更容易掌握大学生的思想、人格动态，发现其存在的问题，并根据大学生个人特性，有的放矢、卓有成效地对他们进行有针对性的人格教育。

然而，现实的境况却是，有限的缺乏交往和对话的教育情境成为大学生生活中司空见惯的生态场景。比如，大学生师生之间交往形式单一，主要局限于学业范畴，有限的时空交叉点局限于课堂或实验室；随着大学生招生规模的扩大，大学生自主学习的特性，以及导师行政职务、科研任务的负担导致大学生与导师之间接触贫乏；大学合并或多校区办学格局又使师生居住空间相对分离，大师难得一见，大楼却都很辉煌。

有鉴于此，营造师生主体间互动交流的教育情境的重点应是融通大学生的"教育世界"与生活世界，即强调导师教书育人、导人向善要密切联系、时刻关注大学生的生活世界（日常生活和学术生活），联系大学生生活中的实际问题。

具体而言，首先，要重视师生面对面的互动交往形式。正如陈平原先生曾说的："在我看来，青灯苦读，永远代替不了亲承教诲，即便在电视普及的今天，也不例外。有许多东西，比如人格的熏陶、心灵的激荡，便非'面对面'不可。"[①]无论导师还是大学生，即使是在有限的时空交叉点上也要重视难能可贵的面对面的交往形式。当然，大学生教育是非常个性化的教育，这使得师生面对面的交往情境可以更为灵活、丰富，比如开放读书会、茶话会、研讨会、学术沙龙、学术交流互动平台等。

其次，扩宽师生互动交往的领域。尽管导生之间的互动交往绝大部分是立足学术的，但除了学术理论的探讨，茶余饭后的生活美谈也是独特的育人途径。斯蒂芬-利考克在描述20世纪20年代牛津大学的导师制时谈到：牛津大学的导师们喜欢叼着烟斗与学生闲聊。他们"所做的就是召集少数几个学生，向他们喷烟，被系统地喷烟，

---

① 陈平原. 文学史的形成与建构 [M]. 南宁：广西教育出版社，1999.

喷了四年的学生，就变成了成熟的学者"。[①] 利考克所说的是牛津大学的本科生，本科生能够通过聊天获得导师所拥有的默会知识，变成"成熟的学者"。

再次，开放互动空间，营造开放性交流与私密性沟通的氛围。国外的大学建筑近40%的空间都是公共的，非常重视营造开放性交流与私密性沟通的氛围。对此，我们可借鉴，在建筑上合理布局，开放交往空间。如厦门大学的"兼爱"楼、深圳大学的"耕耘"楼等教师宿舍区与学生宿舍区相距不过百米，学生每遇疑虑困惑，不论学术上抑或是生活中，皆可及时问于师。

最后，书院的好处在于老少学者居息一堂，朝夕相处，在研究学问、追探真理之外，还有一种创造性的文化生活，为年轻人提供一个可以获得整个生命的最大可能的快速成长的情境。教师和学生住宿的安排，应尽量靠近，使其类似古代之书院。另外，可开发网络交流平台，利用校园网、学者论坛等现代化的信息渠道加强大学生与导师的沟通。

大学生人文素养教育与培养是一项亦虚亦实、亦难亦易的工作，是一份"良心活"。"万法存乎一心"，只要心存敬畏，高度重视，方法得当，尽力为之，就一定会有所收获、有所作为。

# 第四节　人文素养践行力及发展

在社会发展过程中，人们通过实践活动认识和改造客观世界，创造了一个丰富多彩的生存和发展的空间，产生了维系人与人关系的力量，人类在世代繁衍中形成了共有的文化，人也在群体生活空间中逐步寻找作为个体的特殊性，人文素养践行力在其中起着至关重要的作用。

人文素养践行力是人文素养五个维度之一，也是人文素养得以提升的重要方式。人文素养不仅反映着一个人的文化水平和素质，更是个人综合能力和精神境界的体现。"素质"和"素养"的概念不同，"素质"是一个人内在的文化知识，反映了一个人的思想和精神，它是内化于心的个人涵养的基础。"素养"是通过人的实际行动而外化于形的价值反映，它通过具体实物和活动本身的动态过程而反映出来。

---

① 刘新生. 大学文化建设 上 [M]. 济南：泰山出版社，2008.

# 一、人文素养践行力

## （一）人文素养践行力的含义

人文素养践行力是指一个人人文素养的发展程度。我们说一个人有很高的人文素养，往往是在说这个人有很强的人文素养践行力。一个人的人文素养践行力，一般是指其在社会实践活动中对其所掌握的人文知识、人文方法的运用的熟练程度，对人文思想理解的深度，对人文精神实践的程度。

在人文素养的五个维度中，人文知识、方法、思想和精神对于人文素养的社会践行力来说是基础与保障。没有前者的积淀，后者就没有意义，而后者则是前者在社会活动中的全面呈现和个人体验。因此，一个人的人文素养的形成及呈现实际上是一个复杂的、动态的过程。从历史发展的角度看，人文素养的形成是缓慢的、逐步发展的，它需要人文知识、方法、思想和精神的逐步积累。所以，当我们在评价一个人的人文素养水平的时候，实际是对其在某一个时间段内的社会实践活动做出评价。从大的方面说，人文素养及其践行力为城市文化的发展和文明进步提供了可能性。

## （二）人文素养践行力和其他维度的关系

人文素养践行力是以人文知识、方法、思想和精神为基础的活动，人文素养的社会践行力不能抛开这几个维度而独立存在，但人文素养践行力与这几个维度之间并不存在绝对的正相关关系。

人文素养的践行过程是人文知识、方法、思想和精神的外在呈现，但是，具有丰富人文知识的人不一定具有较高的人文素养践行力，人文素养的践行过程是人文素养各维度的综合体现。

从理论上讲，人文知识是人文素养践行力的基础，没有深厚的人文知识，人文素养很难达到一定的水平。但是现实情况是，人文知识只是人文素养践行力的一个影响因素。对于一个普通人来说，和具有较高知识水平的知识分子相比，他并不一定具有较高的人文知识和方法，也并不一定了解各种人文思想和精神，但是在社会生活中这个普通人却能做出比知识分子更具有人文素养的举动。

人文素养践行力和人文知识之间需要人文方法作为桥梁，人文方法是我们科学地认知人文知识和客观世界的途径，只有通过一定的方法，我们才能更系统地认知世界，才能客观地认识、评价人文素养。

人文素养践行力的内在驱动力是人文思想和精神。一个人有什么样的人文思想境界和精神气质，就会有什么样的道德素质，它反映着一个人的人文素养。相对于物质层面的需求，公众的精神文化需求是更高层次的需求，一般来说，它比物质的满足更能带给我们愉悦的感觉。

人文素养的社会践行过程是一个人的人文思想和精神的反映，是人文知识通过科学的方法形成的对于外部世界的判断。

人文素养践行力是人文素养的直接呈现，是人文知识和方法的科学表达，是人文思想和精神的客观外现。人文素养正是在人文知识、方法、思想、精神和人文素养的社会践行力五个维度的动态发展中形成的。

### （三）提升人文素养践行力的意义

人文素养践行力展示的是一个人的人文素养水平，是一个人综合能力和素质的表现，它对于社会的稳定和发展起着举足轻重的作用。

对于个人来说，人文素养践行力关乎每个人的发展，一个具有较好人文素养践行力的人在与他人的沟通和交往中，更有机会赢得他人的尊重和理解。我们是否认可一个人，往往以个人的道德品质是否达到我们心目中的衡量标准为依据。

随着互联网技术的发展，我们的交往方式也发生了改变，QQ、微信、脉脉网、领英网等是重要的社交平台，人文素养的展现形式也从口头语言、肢体语言向文字表达和语音形式转变，实践活动的形式也发生了变化。人们更愿意通过各种社交平台来表达自己，这种社会交流方式具有不可逆性。相对来说，由于网络社会构建的虚拟现实越来越影响人们的生活，使得人与人的交流和理解变得浅层次化了。当人们在虚拟社交平台上花费的精力大于现实的社交精力时，在虚拟社交平台上形成的人和人的交流模式与现实世界中人和人的交流模式就可能发生矛盾，甚至导致所谓的行为方式的二重化，更有甚者有可能导致人格分裂。

从社会层面来说，社会的和谐发展与稳定进步离不开人文素养的践行，公众作为社会实践活动的参与者，其人文素养水平是社会文明程度的重要反映，也是推动社会进步的重要因素。在社会发展过程中，人文素养的力量是潜在的，它影响着一个人的思维活动和情感表达，人文素养在很多情况下是人的潜意识的表达，是直觉性思维的产物，更多的是反映一个人的内在品质和习惯养成，是在人的成长和发展中形成的精神品质和气节。所以，个体作为社会的一分子，拥有较高的人文素养，社会整体的人文素养水平就越高，社会道德水平和社会风气就越好。

从国家层面来说，一个国家的综合国力不仅仅体现在政治实力、经济实力、军事实力等国家硬实力上，还体现在文化软实力上。中国作为四大文明古国之一，其传承下来的优秀传统文化是重要的财富。要提高我国的文化软实力，需要重视公民人文素养的提升，不断汲取中国优秀传统文化，广泛吸收人类思想精髓。

## 二、人文素养践行力的发展

当政治、经济、文化和科技等重要因素发生改变，影响人文素养的各维度及其相互关系。如果一个人所具有的人文知识和方法在不断充实，那么他的人文思想和精神也将在实践中受到时代精神的感召而升华。

### （一）人文素养践行力发展的特点

人文素养践行力的发展具有以下特点：

首先，人文素养践行力的发展具有缓慢性。人文素养践行力的发展是个体在长期的实践中通过知识的积累、方法的体验、思想的理解和精神的领悟逐步提升的，这显然是一个长期的过程，学习和丰富人文知识的过程更是如此，人文素养践行力的发展依赖于人文知识的增长，这就决定了人文素养践行力的发展具有缓慢性。

其次，人文素养践行力的发展与社会文明的发展具有同步性。这种同步性不是发展时间的同步性，而是发展方向的同步性。人文素养践行力与社会文明密切相关。

最后，人文素养践行力的发展具有滞后性。人文素养践行力随着社会环境的变化而发生变化，当经济、政治等环境发生变化，人文素养践行力的发展在惯性驱使下仍然会在一段时间内保持现有状态，即体现出滞后性。所以，提升人文素养不能仅仅考虑提高人的思想道德水平和人文知识等，还要从动态发展的角度考虑社会各种力量对人文素养践行力的影响。

### （二）人文素养践行力发展的影响因素

人的自我发展和社会的发展是影响人文素养践行力发展的两个主要因素。

人的自我发展是指每个人在成长中不断追求全面自由发展的过程。在人的自我发展中，人对外部客观世界充满了好奇心，对未知的事物时刻进行认知和探索，人与人在进行沟通和交流中形成或接受了约定俗成的价值观念，对是非对错有了可以依靠的评判标准。

无论社会发展到哪一个阶段，人所具有的自我发展的能力和需求是不会停止的，人们在不断获取和丰富自身人文知识的过程中，形成了自己独特的思想和精神力量，又在社会实践中不断提升自身素养，这是一个循环往复并不断进步和发展的过程。

人的自我发展的不间断性是人文素养践行力发展的保障，当然人的自我发展除了主动获取知识外，还会受到外界环境的制约和影响，这是人在自我发展中遇到的阻碍。如果人能够战胜这种阻碍，那么人的自我发展将进入一个更加全面的阶段，人文素养践行力的发展也呈现出同样的特点。

# 第五节　人文素养教育促进大学生心理健康的有效措施

## 一、构建人文课程群

为确保人文素质教育切实取得成效，对大学生心理产生引导，可构建人文素质教育课程群，借助必修课程、非限制性选修课、限制性选修课使人文素质教育相关内容真正传递给学生。

（1）必修课程。选取经典关键课程进行解读，确保大学生能够接受到相应的人文素质熏陶。如思政必修课，该课程为人文素质教育重点课程，可采用辩论、演讲等方式增强课程趣味性，通过思政熏陶提升学生人文素养，以此确保学生能够树立正确人生观、价值观，降低心理问题发生率。

（2）非限制性选修课。推荐学生阅读书目，从高校人文素养、大学生心理两个方面为学生挑选阅读书目，要求学生按规定进行阅读，完成后需进行测试，测试通过学生即可获得学分。此外，可组织读书笔记交流、诵读经典、阅读竞赛等活动，引导并促进学生阅读，增强学生认知，拓展视野，避免学生陷入不良心理。

（3）限制性选修课。这主要包括心理学、心理学、史学、哲学等课程，可采用慕课、选修、讲座等形式进行教学，进一步丰富人文素质教育课程，维护学生心理健康。

## 二、强化校园文化建设

高校人文素质教育是潜移默化、循序渐进的，为全面落实人文素质教育，对大学生观念产生熏陶，需注意强化校园文化建设，继而提升大学生心理承受能力，避免出现心理问题。

校园文化建设可从以下四个方面进行：

（1）建筑人文建设。对宿舍、教室、道路、操场、花坛等建筑进行装饰，使学生时刻受到人文熏陶，在优美校园环境与装饰作用下，使学生保持乐观、积极向上的心态，继而规避心理健康问题。

（2）制度人文建设。在校纪、校规、校训中渗透人文素质教育理念，尊重学生人格，通过柔性人文关怀与刚性校园制度的结合，使学生感受到学校对于人文素质的重视，以此确保人文素质教育措施能够良好执行。

（3）精神人文建设。增设人文讲堂、沙龙，引导学生组建各类人文素质社团，通过丰富的校园活动，使大学生们感受到校园生活的美好，继而消除大学生内心消极因素，使人文素质教育真正起到促进心理健康的作用。

（4）网络人文建设。对于当代大学生而言，网络是日常学习生活所离不开的虚拟场所，在人文素质教育期间，为全面营造和谐健康的校园环境，需引导学生正确使用网络。此时可搭建多元化人文素质教育网站，定期推送优秀影片、经典文献、党史经典等，使学生从网络中感受到人文熏陶，继而引导学生完善自身精神世界，降低心理健康问题出现概率。校园文化建设能够在潜移默化中影响大学生的精神世界，使其在人文精神浸润下提升自身素质，以更为正面的心态迎接挑战，继而提高大学生心理素质，规避心理问题。

## 三、丰富教育实践基地

在人文素质教育过程中，可通过构建实践基地进行人文素质教育，并在多样化素质教育实践基地辅助下，引导大学生心理健康发展。

（1）爱国主义教育基地。如党史馆、烈士陵园、纪念馆等，高校需组织参观体验活动，使大学生能够在爱国主义教育基地中感受和平来之不易，引导学生树立艰苦奋斗、自强不息、热爱祖国的精神，继而丰富学生精神世界，避免学生受到外部不良信息引导而出现心理健康问题。

（2）道德实践基地。如敬老院、福利院等，使学生在道德实践基地形成尊老爱幼的道德品行，关爱社会弱势群体，以此提升学生精神层次。此外，还可组织困难家庭帮扶活动，全方位提升学生精神素养，继而降低心理健康问题出现概率。

（3）环保教育基地。组织学生参观环保产业，参与环保技术展示活动，或前往环保教育部门进行交流培训，引导学生基于环保教育基地形成环保理念，以更为正能量的心理看待社会，以此规避心理问题。

（4）双创实践基地。定期组织大学生参加双创体验活动，做好双创宣传，组织创新创业交流活动，以此培养学生的创新思维。为增强学生双创体验感，可组织校园内部的双创竞赛，以此唤醒大学生们的创新创业思维，促进学生全方位发展。双创活动的开展可引导学生将自身时间精力用在正确方面，以避免学生受到外部侵害而产生心理问题。

（5）法制教育基地。带领学生参观监狱、法庭、律师事务所等场所，激发学生法治意识，对学生起到警醒作用，以此引导学生坚定民族信仰，继而更好地应对各类挑战，降低心理问题出现概率。

（6）文化熏陶基地。由展览馆、博物馆、图书馆、非遗景区构成，通过带领学生体验文化熏陶基地，提升学生文化自信、民族自信，使学生受到文化熏陶而树立正确价值观念，继而预防心理问题的发生。

综上所述，以实践调查结果为基础分析大学生存在心理健康问题的原因，发现大学生心理健康与人文素质之间存在一定关联，为保障大学生心理健康，高校可从人文素质教育方面进行优化，健全教育课程群，强化校园文化，丰富教育基地，组织实践活动，通过多元化人文素质教育工作，降低大学生出现心理健康问题的概率，以此确保大学生能够全面成长。

# 参考文献

[1] 陈艳主编. 大学生心理健康与安全教育 [M]. 天津：天津科学技术出版社，2020：06.

[2] 格桑泽仁主编. 大学生心理健康 [M]. 成都：四川大学出版社，2019：06.

[3] 刘静洋主编；赵苗苗，鑫鑫副主编. 大学生人文素养教育 [M]. 北京：冶金工业出版社，2018：07.

[4] 何杰民，王梦梅编. 大学生心理健康与积极成长 [M]. 重庆：重庆大学出版社，2021：09.

[5] 李爱娟，张艳. 心灵之约大学生心理健康教程 [M]. 苏州：苏州大学出版社，2019：01.

[6] 汤健主编. 大学生人文素养 [M]. 武汉：中国地质大学出版社，2016：07.

[7] 崔淑琴，李艇主编；戴璐，黄伟，高美玲副主编. 大学生人文素养与人生 [M]. 广州：暨南大学出版社，2012：06.

[8] 李培培，田帅，乌日娜. 大学生心理健康教育与心理咨询研究 [M]. 长春：吉林人民出版社，2021：08.

[9] 刘佳. 大学生心理健康实用教程 [M]. 西安：陕西科学技术出版社，2020：08.

[10] 齐斯文，贺一明，吴迪主编. 大学生心理健康 [M]. 长春：吉林出版集团股份有限公司，2018：01.

[11] 张龙，苗金霞，李朝阳主编. 大学生人文与素养 [M]. 天津：天津科学技术出版社，2018：06.

[12] 王刚，曹菊琴主编. 大学生心理健康教育 [M]. 北京：北京理工大学出版社，2020：09.

[13] 王祥君主编. 大学生心理卫生与发展 [M]. 重庆：重庆大学出版社，2019：02.

[14] 杨伟才主编. 大学生心理健康 [M]. 北京：北京出版社，2018：01.

[15] 张海婷主编. 高职大学生心理健康教育 [M]. 北京：北京理工大学出版社，2020：07.

[16] 梁怀超主编；王国雨，赵志强，施技文副主编. 优秀传统文化与大学生人文素养 [M]. 北京：对外经济贸易大学出版社，2016：02.

[17] 瞿珍主编；瞿彬，李建华，邵叶波副主编. 大学生心理健康 [M]. 上海：华东理工大学出版社，2018：08.

[18] 谷庆明. 大学生心理健康自助教育 [M]. 长春：吉林人民出版社，2021：06.

[19] 王晶，董艳艳，陈长东主编. 大学生人文素养概论 [M]. 北京：中国书籍出版社，2014：08.

[20] 李宁. 大学生心理健康与自我管理研究 [M]. 秦皇岛：燕山大学出版社，2019：05.

[21] 李锦云主编；樊励方，檀娅娅，卢红玲副主编. 大学生心理健康辅导 [M]. 北京：北京理工大学出版社，2020：08.

[22] 顾文明主编. 大学生人文素养读本 [M]. 武汉：武汉大学出版社，2018：08.

[23] 王苏婷. 当代大学生人文素养的培养与提升 [M]. 长春：吉林出版集团股份有限公司，2020：05.